문과생인
당신이 지금
해야할 일

Original Japanese title: **BUNKEI GA 20NENGO MO IKINOKORU TAMENI IMA SUBEKIKOTO**

Copyright © 2017 Hidetoshi Iwasaki

Original Japanese edition published by East Press Co., Ltd.

Korean translation rights arranged with East Press Co., Ltd.

through The English Agency (Japan) Ltd. and Eric Yang Agency, Inc

이와사키 히데토시 지음
최미혜 옮김

문과생인
당신이 지금
해야 할 일

20년 뒤에도 살아남는 문과생의 9가지 전략

비전코리아

인공지능 시대,
문과생이 살아남는 조건

최근 들어 '문과생은 쓸 데가 없다', '문과대학은 필요 없지 않을까?' 하는 말을 자주 듣는다. 이 책을 손에 든 여러분 중에도 '앞으로 문과는 어떻게 될까?' 하고 불안해하는 분이 있을 것이다.

내게도 '법학과를 나와 은행에서 일한 지 6년째입니다. 국내 은행에 비전이 없어 외국계 회사로 전직하고 싶은데 괜찮을까요?', '지금 일하는 회사가 중국계 기업에 매수되었습니다. 문과 출신은 정리해고 된다는 소문이 있는데 지금 바로 전직할 곳을 찾는 게 좋을까요?' 같은 질문이 날아든다.

도대체 앞으로 어떤 일이 일어날까?

최근 '2025년 문제'라는 말을 자주 듣는다. 불과 6년 뒤의 일이다. 그때가 되면 단카이 세대(제2차 세계대전 직후인 1947~1949년에 태어난 일본의 베이비붐 세대)가 모두 75세 이상이 되고, 전체 인구에서 30퍼센트 이상이 고령자가 된다. 고령자에게 투입되는 막대한 연금과 의료비를 젊은 세대가 부담해야 하므로 그들의 생활은 지금보다 더 팍팍해질 수밖에 없다.

몇 년 전《70세 사망법안, 가결》이라는 소설이 베스트셀러가 됐다. 70세 생일을 맞은 사람을 모두 안락사 시키는 법안이 가결됐다는 가정 아래 그려지는 소설이다. 연금을 기대할 수도 없는데 보험료만 마구잡이로 뜯기는 젊은 세대가 이 법안을 지지했다(어디까지나 소설 속 이야기다). '일본에서는 이런 소설이 유행할 만큼 고령화 문제가 심각하다'고 〈뉴욕타임스〉가 기사화하는 바람에' 해외에서도 크게 주목받았다.

고령화 문제뿐만이 아니다. 세계는 큰 변화를 앞두고 있다. 2016년에는 구글의 인공지능(AI)을 탑재한 알파고가 바둑 대국에서 인간을 이겼다. 기계학습(machine learning) 시스템을 탑재한 알파고는 자신을 상대로 3,000만 국면이라는 방대한 양의 대국을 반복하면서 학습해간 것이다.

차량의 자율주행 기술도 점점 진화하고 있다. 실제로 2016년 여름에 출시된 메르세데스 E클래스를 타고 고속도로를 달려보았다. 액셀이나 브레이크를 밟지 않아도 자동으로 앞의 차량과 일정한 거리를 유지하면서 주행한다. 차선 변경 또한 방향지시등을 켜기만 하면 나머지는 차량이 알아서 자동으로 움직인다. 도로를 달리면 화상

인식으로 교통표지판을 읽고 제한 속도를 알려준다. 정말이지 운전자가 할 일이 사라진다.

2016년에 아마존이 미국에서 시작한 슈퍼마켓에는 계산대를 없앴다. 고객이 진열대에서 원하는 상품을 집어서 자기 가방이나 쇼핑백에 넣고 가게를 나가면 자동으로 계산이 된다. 상점 내에 설치된 카메라가 순간적으로 고객이 산 물건을 확인하고 고객의 스마트폰으로 정보를 전달하기 때문이다. 슈퍼를 취재한 기자는 "마치 물건을 훔치는 듯한 기분이 들었다"고 말했다.

이런 기술이 앞으로 더 빠른 속도로 진화하면 당연히 우리가 하던 일은 기계가 대신할 것이다.

고령화 문제와 인공지능의 진화. 이 두 가지만 보더라도 앞으로 사회는 크게 변화하고 고용의 형태나 일하는 모습에도 영향을 미치리라는 걸 알 수 있다. 다시 말해 문과뿐만 아니라 일하는 모든 세대에게 상당히 냉혹한 시대가 찾아올지 모른다. 이미, 안정된 생활을 보장한다고 믿었던 대기업도 사원을 정리해고 중이다. 예전에 경제단체연합회 회장을 배출하기도 하고 일본을 대표한다던 도시바 같은 대기업의 직원들도 정리해고에 대한 두려움을 안고 있다.

이런 냉혹한 시대에 어떻게 살아남아야 할까? 이것이 이 책의 주제다. 특히 엔지니어나 연구개발자 같은 이과 출신에 비해 문과 출신은 직장을 그만두면 다른 일을 찾기가 어렵다.

만약 당신이 지금까지 해온 대로 교육을 받고, 평범하게 구직 활동을 하고, 수동적으로 상사가 시키는 일만 한다면 **20년 후, 혹은 가까운 미래에 당신의 일은 인공지능으로 대체될 수 있다.** 그렇지 않아도 고령자의 연금과 의료비 부담으로 생활이 극도로 어려워질 수 있는 상황에서 말이다.

잠깐 내 이야기를 하면 나는 와세다대학 정치경제학부를 졸업하고 일본 흥업은행에 입사했다. 즉 나도 문과다. 그 후 은행의 유학제도로 스탠퍼드대학 경영대학원에서 경영학 석사(MBA)를 취득했다. 22년간 흥업은행에서 근무하다가 마흔다섯 살에 외국계 투자은행으로 전직했다. JP모건, 메릴린치, 리먼브러더스에서 일하다가 회사를 창업한 후 14년간 벤처 투자와 경영컨설팅 일을 해오고 있다.

대학에서 8년 정도 비상근 강사로 일한 경험은 있지만 본업이 교육자나 연구자는 아니다. 그러므로 교육에 종사하는 사람의 시선이 아니라 오랫동안 투자 세계에 몸담고, 현재도 경영컨설턴트나 벤처 투자를 하는 사람으로서 **'투자하는 사람의 시선'**, 혹은 오랫동안 샐러리맨으로 일해온 **'일하는 사람의 시선'**, 혹은 부장이나 매니저, 경영자로서 **'경영하는 사람의 시선'**에서 문과생이 직면할 상황을 분석하고, 앞으로 어떻게 살아남아야 할지 함께 생각하려고 한다. 또 고교 시절 유학을 포함하여 총 8년간 미국에서 생활했고, 미국의 회사 세 곳에서 일한 경험도 있기 때문에 일본뿐만 아니라 미국의 관점도 제공할 수 있을 거라고 생각한다.

소니와 샤프를 시작으로 대기업이 힘을 잃어가는 동안 미국에서는 마이크로소프트와 애플, 구글 등 세계를 변화시키는 비즈니스가 차례로 등장했다. 그 창업자들은 이례적인 능력의 소유자지만, 과연 우리의 입시 공부에도 자신이 있을지는 알 수 없다. 어쩌면 입시 공부에선 당신이 이길지도 모른다. 하지만 우리의 입시 공부로는 글로벌 세상과 맞설 수 없다. **시키는 대로 주위와 보조를 맞추며 열심히만 하면 안심하던 시대는 오래전에 끝났다.** 그런데도 우리 사회와 교육은 여전히 낡은 체질에서 벗어나지 못한 게 아닐까? 이것이 이 책의 또 다른 주제이기도 하다.

2016년에 실시한 '대학 1, 2학년 학생들이 취업하고 싶어 하는 기업·업종 순위' 조사에서[2] 1위가 '지방공무원', 2위가 '국가공무원'이었다. 그다음은 누구나 아는 대기업이 줄줄이 이어진다. 학생들은 무엇보다 '안정적'이라는 이유로 공무원을 선택했다. 젊은 세대도 현재 우리 사회에 불안을 느끼며 조금이라도 안정된 곳을 선택하려고 한다. 하지만 오산이다. 지금 이 순간에도 일찍이 경험한 적 없는 변화의 소용돌이 앞에서 **과거의 틀에 매달리는 '안정 지향'은 이미 본래 의미의 '안정'을 주지 못한다.** 빠르게 변화하는 세상에서 살아남으려면 어떻게 해야 하는지 이 책에서 여러분과 함께 생각하고 싶다.

차례

3장

문과 교육은
달라져야 한다

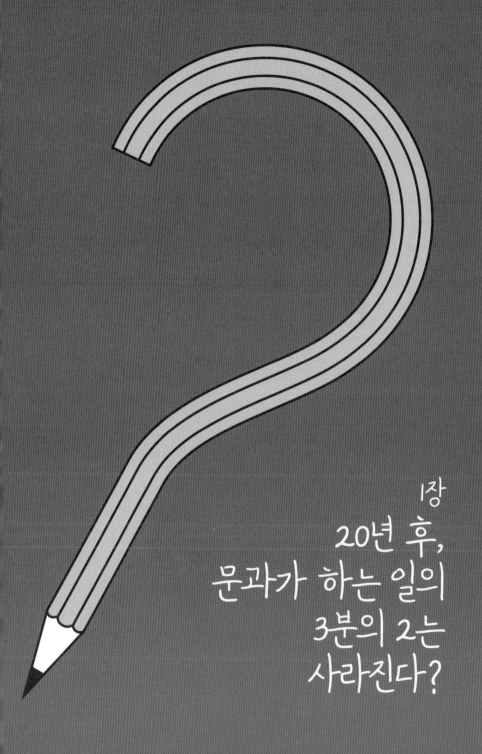

1장
20년 후,
문과가 하는 일의
3분의 2는
사라진다?

세 시간 만에 뉴욕에 가는 시대가 온다

20년 후, 당신은 몇 살이 되어 있을까? 그때 무엇을 하고 있을까? 어떤 직업을 가지고 있을까?

세상은 지금도 끊임없이 진화하고 있다. 조금만 생각해보면 지금까지 상상에 그치던 일이 점점 현실이 되고 있음을 알 수 있다. 그리고 그 속도는 지금보다 더 가속화되고 있다. 그건 우리에게 기쁜 일이기도 하고 한편으로 위협이기도 하다.

외국계 투자은행에 근무하면서 해외출장이 대단히 많을 때의 일이다.

출장지에서 돌아오니 나리타공항에서 내 이름을 호명하는 안내방송이 나왔다. 항공사 카운터로 가니 비서에게 전화해 달라는 메시지가 와 있었다. 언제나 공항에 도착하면 가장 먼저 부재중 전화를 확인하거나 비서에게 전화하는 게 습관이 되어 있었는데 비서가 확인, 또 확인하는 마음으로 공항에 안내방송을 부탁한 것이다.

"뉴욕에서 오시는 길이라 피곤하실 텐데 죄송합니다."

전화기 너머로 비서가 말했다.

"말레이시아에 있는 M&A(인수합병) 팀이 상대 기업에게 불합리한 요구를 받고 곤란한 상황이라고 합니다. 가능하면 바로 와주실 수 있는지 물어보는데요…. 이미 쿠알라룸푸르행 항공편을 예약해두고 항공권도 카운터에 맡겨두었습니다. 도쿄로 들어오지 마시고 바로 출발하시면 됩니다."

그길로 바로 말레이시아로 날아갔다.

인터넷이 발달하고 화상전화가 흔하게 사용되어도 현지에 가서 직접 상대와 얼굴을 마주하고 이야기를 한다. 온라인이 아닌 직접 대면이 꼭 필요한 경우가 있다. 이건 앞으로 20년이 지나도 변함없을 것이다.

이런 경우 가능한 한 짧은 시간에 이동하고 싶다. 누구나 같은 생각을 할 것이다.

일찍이 프랑스와 영국이 공동개발한 초음속여객기 콩코드는 마하 2의 속도로 런던-뉴욕 간을 3시간 45분에 갔다. 하지만

2003년에 운항이 종료되었다. 음속(마하 1)을 넘을 때 충격음이 발생하자 미국이 해상에서만 초음속비행을 허용했기 때문이다. 게다가 연비도 나빠서 채산이 맞지 않았던 것 같다.

당시에는 '라이트 형제 이후, 처음으로 기술이 후퇴됐다'라든가 '앞으로는 1960년대와 같은 속도로 날게 된다'는 논평이 나올 만큼 '애석한' 운항 종료였다.

실제로 현재 보잉의 최신예기 787의 최고 속도(MMO)는 마하 0.9, 이것은 1960년대의 보잉 727과 거의 같다.

콩코드 운항이 종료되고 벌써 15년이 지났다. 세계가 움직이는 속도는 모든 분야에서 가속화되었지만 그중 여객기의 스피드만은 큰 변화가 없었다. 하지만 최근에는 상황이 점점 변하기 시작했다. 각국에서 콩코드를 능가하는 초음속여객기 개발을 진행 중이다.

영국 항공우주 엔진 개발업체 리액션 엔진스(Reaction Engines ltd)가 개발하는 '세이버(SABRE)'라는 엔진은 공기 흡입과 열 대책 연구를 거듭한 결과 마하 5의 속도도 가능하다. 만약 마하 5가 상용화되면 도쿄-뉴욕 간을 두 시간에 갈 수 있다. 이착륙에 필요한 시간을 감안해도 세 시간이면 충분하다. 영국 BBC 보도에 따르면 리액션 엔진스 사는 2020년까지 엔진의 지상 테스트를 실시하고, 2025년까지 무인 기지에서 시험 비행을 개시하고 싶다고 밝혔다.[3]

미국 콜로라도주의 붐 테크놀로지 사가 개발하는 초음속여객기는 마하 2.2 비행을 목표로 한다. 마하 5에는 훨씬 못 미치지만 콩코드보다 조금 빠르다. 핵심은 비교적 빠른 시기에 상업 운항이 가능할 것 같다는 점이다. 이미 2017년 후반에도 미국 덴버 지역에서 음속 이하로 비행 시험을 실시했으며 이후 미국 에드워드 공군 기지에서 초음속 비행을 실시한 후 빠르면 2020년대에 운항 개시를 고려하고 있다.

인간은 콩코드의 경제적 실패에서 겨우 회복할 수 있게 됐다.

주문하는 즉시
드론으로 배달

지금으로부터 20년 후에는 기술 발달로 꿈같은 세계가 펼쳐질 것이다.

예를 들면 **20년 후에는 민간인이 자유롭게 우주여행을 할 수 있다**(가격은 비쌀지도 모르지만). 영국의 거대기업 버진그룹 회장인 리처드 브랜슨이 설립한 버진 갤럭틱은 우주여행 비즈니스를 하는 회사다. 연간 500명의 관광객을 한 명당 25만 달러의 요금으로 우주여행을 보낼 예정이며, 일본에서는 클럽 투어리즘 사(社)가 여행자를 모집 중이다. 이미 회계소프트웨어로 유명한 야요이의 사장을 역임한 히라마쓰 고조 등이 요금을 지불하고 우주 공간에 가기 위해 대기하고 있다. 이 밖에 아마존의 창업자 제프 베조스가 설립한 블루오리진도 '연간 600명 이상의 여행객을 우주로 보내고 싶다'고 의욕을 보인다. 테슬라모터스 창업자인 엘론 머스크도 스페이스X를 설립하고 2020년대 중반까지는 화성 비행을 실현하고 싶다고 밝혔다.

가까이를 살펴보면 20년 후에는 도쿄-오사카 간 리니아 신칸센이 개통된다. 도쿄에서 나고야까지 40분, 도쿄-오사카 간은 67분으로 이어진다.

20년 후 의료 분야에서는 재생의료, 유전자의료가 발달하여 사망자가 크게 줄어들 것이다. 부유한 집에 태어난 아이는 자신의 줄기세포를 채취해 보존해두었다가 나중에 병이 들 때마다 그 줄기세포로 장기를 만들어서 병든 장기와 교체하는 일도 가능해질지 모른다.

또 아마존에서 주문한 물품은 드론이 하늘을 날아 30분 이내에 배달해줄 것이다. 이미 시험 운용이 시작되었다.

2016년 12월, 아마존은 영국 케임브리지에서 드론 배달을 시작했다. 이 모습은 비디오영상으로 업로드 되어 있어서 아마존 미국 사이트에 가면 누구든지 볼 수 있다. 케임브리지에 사는 리처드 씨가 자택에 편안히 앉아서 클릭 몇 번으로 물건을 주문한다. 주문받은 아마존 배송센터에서는 상품을 드론에 싣는다. 그리고 드론이 하늘을 날아 리처드 씨 자택으로 직접 배송한다. **주문하고 나서 리처드 씨가 상품을 받기까지 걸리는 시간은 겨우 13분.** 드론은 지상에서 122미터 이하로 날면서 상품을 배달해주었다. 현재는 한정된 사람을 대상으로 한 시험 운용이지만 곧 대상자를 수백 명 단위로 늘려갈 계획이라고 아마존은 밝혔다.

택시도 변화한다. 여유 시간과 자가용 차량을 이용하여, 스마트폰 하나로 승객과 운전기사를 연결하는 플랫폼, 우버가 등장했다. 드라이버로 등록된 사람은 2016년 시점에 이미 150만 명을 넘어섰다. 일본 전국의 택시 등록 대수가 24만 대이므로 6배 이상 되는 규모다. 우버는 택시를 한 대도 소유하지 않았지만 실질적으로 세계 최대의 택시 회사가 된 셈이다.

자동차 생산 대수가
절반으로 줄어든다

20년 후 우리 생활은 분명 더 편리해질 것이다. 그러나 모든 것에는 빛과 그림자가 있다. **앞으로 일어날 변화에 반드시 긍정적인 면만 있는 것은 아니다.** 변화에 따라가지 못하는 사람들은 바로 뒤처진다. 변화에 대응하지 못하는 기업은 최악의 경우, 도산해버린다.

세상에는 세 종류의 기업이 있다. 강한 순서대로 나열해보겠다.

① 스스로 변화를 만들어내는 기업(예: 아마존, 우버, 구글)

② 변화를 따라가는 기업(예: 필름에서 디지털로 변화될 것을 예측하고 업태 변화를 이룬 후지필름)

③ 변화를 따라가지 못하는 기업(예: 2016년에 파산한 미국 코닥. 그 후 재상장했다)

코닥처럼 유명한 회사라도 변화에 대응하지 못하면 도태된다. 최악의 경우 도산한다. 예를 들어 우버를 이용하는 사람이 늘면 어떻게 될까?

답은 '택시 회사가 파산한다'이다. 이미 2016년 1월 샌프란시스코 최대의 택시 회사가 파산했다. 옐로캡코프라는 회사로, 500대 이상의 택시를 보유하고 있었다.

그뿐일까?

20년 후에는 대부분 자동차가 자율주행으로 바뀐다. 그렇게 되면 사람들에게 차는 지금처럼 자가용인가, 택시인가 하는 양자택일이 아니게 된다. **차를 소유하는 대신 공유를 통해 교통수단을 이용하는 사람이 빠르게 늘어, 완벽하게 프라이버시가 지켜지는 환경에서 이용할 수 있는 제3의 사용법이 등장하게 될 것이다.** 많은 사람들이 제3의 사용법을 선택하여 '필요할 때 차를 이용하는' 식으로 행동방식을 바꿀 것이다.

우버가 노리는 건 택시만이 아니다.

한번 생각해보자. 현재 일본에는 7,700만 대의 자동차(사륜차)가

등록되어 있다. 이 중 도대체 몇 대가 지금 이 순간에 도로를 달리고 있을까? 대부분의 차는 차고나 주차장에서 잠자고 있다.

자율주행 기술과 우버의 서비스로 잠자고 있는, 가동되지 않는 차가 사용된다. 그러면 택시나 자가용 승용차에 대한 기존 개념도 뒤집힌다. 타인이 운전해주는 택시가 아니라 어느 시간대에만 필요에 따라, 자신의 차가 된다(필요할 때 부르면 자율주행으로 자신이 있는 곳까지 온다). 사람들은 이제 새로운 개념의 차를 이용하는 것이다. 극단적으로 말하면 지상에 있는 모든 차가 우버화된다.

이와 같은 공유경제(sharing economy)가 발달하면서 사람들이 필요로 하는 자동차 대수가 극적으로 감소할 것이다(잠자는 차가 거의 없어지기 때문에). 특히 성숙한 시장인 미국이나 일본, 유럽 등지에서 필요시되는 자동차 대수가 줄어든다.

영국과 미국을 주요 거점으로 하는 국제적 금융기관인 바클레이스의 주식 애널리스트 브라이언 존슨은, 2040년에는 미국 내 자동차 판매 대수가 현재보다 40퍼센트 정도 감소하여 연간 950만대 정도가 될 거라고 예상한다.[4] 그렇게 되면 미국 내 자동차 등록 대수는 60퍼센트 정도 감소하여 1억 대를 밑돌게 된다.

만약 이런 세상이 현실이 되면 미국 시장에 의존한다고 야유를 받는 일본 자동차 회사에게는 더욱 가혹한 상황이 된다. 게다가 그 때는 미국뿐만 아니라 유럽과 일본 시장에서도 비슷한 상황이 벌어질 가능성이 높다.

애초부터 일본은 자동차산업에 지나치게 치우쳐 있었다. 일본 자동차공업회에 따르면 자동차 관련 산업은 부품 생산업체, 주유소를 포함해서 총 종업원 수 530만 명으로, 일본 전체 취업 인구의 8퍼센트에 해당된다. 또한 전체 제조업 매출 총액의 18퍼센트, 수출 총액의 21퍼센트를 자동차 관련 산업이 차지하고 있다.

이렇게 보면 **자율주행 기술과 우버의 서비스가 일본에 반드시 좋은 것만은 아닐지도** 모른다.

문제가 되는 것은 자동차업계만이 아니다. 아마존의 드론이 본격화되면 일본의 택배업자는 어떻게 될까? 지금은 대부분 인터넷으로 쇼핑하므로 야마토운수, 사가와택배, 니혼우편 등이 성업 중이지만, 무인 드론으로 대체되면 사정은 크게 달라질 것이다.

'오프라인 상점'이 사라진다

얼마 전 한 중견 중소기업 사장과 이야기를 하는데 자동차의 판금 도장 일감이 줄어들고 있다며 우려했다. 이유를 물었더니 이렇게 설명했다.

"요즘 차량에는 자동 브레이크가 탑재되어 있어서 충돌 사고가 줄어드는 거 같아요. 일감이 줄어서 많이 힘드네요."

조사해보니 역시나 자동차 사고 건수는 2004년 95만 건에서 2015년에는 44퍼센트가 감소한 54만 건으로 급감했다(2016년 판《교통안전백서》).

이런 변화는 도처에서 일어나고 있다.

엘론 머스크가 이끄는 테슬라모터스는 평범한 전기제품을 팔 듯 전기자동차를 판매하고 있다. 컴퓨터를 살 때처럼 인터넷으로 주문하면 자동차가 배달된다. 색상이나 상세한 사양도 인터넷으로 선택할 수 있으므로 애초부터 딜러가 존재하지 않는다.

뉴욕, 도쿄 등 대도시에 몇 개의 쇼룸이 있지만 그건 어디까지나 실물을 보고 확인하려는 사람을 위한 것이고 판매점은 아니다.

도요타든 벤츠든 우리가 새 차를 사려고 하면 지금까지는 판매점에 가는 것이 보통이었다. 판매점에서는 방문객을 정중하게 대접한 후, 만드는 데 상당한 비용이 들었을 팸플릿을 건네준다. 실제로는 차를 사지 않는 사람도 잡지처럼 받아 간다.

엘론 머스크는 낭비를 철저히 줄여왔다. 그의 비즈니스에서는 딜러의 인건비도, 팸플릿 제작비도 거의 들지 않는다. 그만큼 가격을 낮출 수 있어 소비자에게 환영받는 건 당연하다.

고장 났을 때의 대응도 지금까지의 업계 상식과는 완전히 다르다. 테슬라에서는 개별적인 '판매 담당자'와 '서비스 담당자'가 존재하지 않는다. 고장 수리 창구에 연락하면 가지러 온다. 혹은 유료로

'레인저(ranger)'라고 불리는 사람들이 와서 상태를 봐주기도 한다. 기본적으로 가전제품이 고장 났을 때와 비슷한 대응이다.

다만 이런 새로운 움직임은 기득권자의 반발을 부른다. 딜러를 거치지 않고 마치 컴퓨터를 사듯이 직판되면 딜러는 설 자리가 없어져버린다. 미국 전역 각 주의 딜러들이 그런 판매법을 허가해서는 안 된다고 항의하며 주 의회 의원들을 압박했다. 그 결과 애리조나, 텍사스, 버지니아 등 여러 주에서는 자동차 직판금지법안이 가결되어 테슬라 판매가 금지되었다(그러나 제일 엄격하다고 하는 텍사스주에서도 구매자가 인터넷으로 테슬라를 구입한 후 인접한 주에서 차를 배송받을 수 있다).

65퍼센트가 지금은
존재하지 않는 일에 종사한다

앞으로 테슬라 같은 차량 판매가 주류를 이루면 자동차 딜러 중에 실직자가 많아질 것이다. 게다가 전기자동차는 가솔린 차량처럼 정기적인 오일 점검, 엔진 소모품이나 점화플러그 등을 교체할 필요가 없다. 애초에 엔진이 없다. 따라서 정비에 관련된 일을 하는 사람들의 수가 줄어들지도 모른다. 차량점검제도도 바뀔 가능성이 높다.

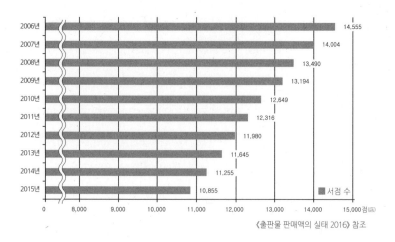

2006년							14,555
2007년						14,004	
2008년					13,490		
2009년					13,194		
2010년				12,649			
2011년				12,316			
2012년			11,980				
2013년			11,645				
2014년		11,255					
2015년		10,855					

■ 서점 수

0   8,000   9,000   10,000   11,000   12,000   13,000   14,000   15,000점(店)

《출판물 판매액의 실태 2016》 참조

〈도표1〉 2006~2015년도 서점 수의 추이

가솔린 차량이 줄면 지금까지 피스톤과 실린더, 피스톤링 등 엔진의 기초 부품을 만들던 회사는 또 다른 일을 찾지 않으면 안 된다.

아마존이 일본에 진출하는 통에 역 앞의 서점이 수없이 도산했다.(도표1) 미국의 일부 도시처럼 아마존에서 야채를 사는 사람이 늘면 일본에서도 슈퍼나 야채가게가 도산하게 될지도 모른다. 앞으로 드론이 보급되면 운송업자나 택배업자의 일감도 줄어들 것이다.

핵심은 인공지능이다. 기계가 영리해지면서 인간의 일은 점점 줄어들 것이다.

텍사스주의 자동차 딜러들처럼 사라지는 것에 매달려서 저항을 한다고 해도 커다란 흐름을 바꿀 수는 없다.

스펜서 존슨의《누가 내 치즈를 옮겼을까?》 이야기를 들어봤을 것이다(전 세계에서 1,800만 명에게 읽힌 이 명저를 아직 읽지 않은 분은 꼭 읽기를 추천한다). 쥐 두 마리와 꼬마 인간 두 명은 미로 속에서 치즈를 찾기 위해 열심히 뛰어다녔다. 각자의 방법으로 치즈를 발견하고 먹었는데, 점점 치즈 양이 줄어들다가 어느 날 갑자기 없어져버렸다. 쥐들은 치즈가 매일 조금씩 줄어드는 걸 알아차렸고 머지않아 없어질 거라고 마음의 준비를 하고 있었다. 쥐들은 치즈가 없어지자 곧 새로운 치즈를 찾으러 뛰쳐나가지만 꼬마 인간들은 치즈가 돌아올지도 모른다며 마냥 기다리고 있었다는 이야기다.

앞으로 일어날 커다란 변화의 흐름은 저항해도 바꿀 수 없다. 그렇다면 우리는 그런 변화가 온다는 전제로 준비해야 한다. 쥐들처럼 행동해야 한다.

2013년, 옥스퍼드대학에서 AI 연구에 몸담고 있는 마이클 오스본 준교수와 칼 프레이 박사는 〈고용의 미래(The Future of Employment)〉라는 논문을 발표하고 다음과 같이 논했다.

앞으로 10~20년 후가 되면 인공지능을 포함한 IT 진화의 영향으로 미국의 총 일자리 중 47퍼센트의 일이 자동화될 위험성이 높다.

오스본 준교수 팀은 미국에 존재하는 702가지 직업이 어느 정도의 확률로 인공지능과 로봇으로 대체될지를 세세하게 계산하였다. 그리고 미국의 총 일자리 중 47퍼센트의 일자리가 자동화될 위험성이 높다고 결론 내렸다.

이보다 2년 정도 전에는 뉴욕시립대학 대학원센터의 캐시 데이비슨 교수가 저서 《나우 유 시 잇(Now You See It)》에서 다음과 같이 말했다.

> 2011년에 초등학교에 입학한 아이들 중 65퍼센트는 지금은 존재하지 않는 직업을 가지게 될 것이다.

2011년에 초등학교 1학년인 아이들이 대학을 졸업할 때는 대략 2027년. 지금으로부터 겨우 9년 후의 일이다.

이런 예측은 도대체 무엇을 의미하는 걸까?

결국 10~20년 후에 당신은 지금과는 다른 일을 하고 있을 가능성이 높다는 것이다. 다시 말해서 당신의 '치즈'는 없어질 운명에 처해 있는지도 모른다. 앞으로 닥쳐올 변화에 당신은 어떻게 대응할 것인가?

당신의 일을
기계가 대신한다

지금으로부터 20년 후 당신은 지금과는 다른 일을 하고 있을 것이다. 만약 **시대의 변화를 앞질러서 20년 후에 필요한 새로운 일의 노하우를 익혀 지금과는 다른 일을 한다면 당신은 재미있게 인생을 살 수 있다.**

그러나 '치즈'가 언젠가 다시 돌아올지도 모른다고 기다리기만 하는 인생이라면 비참하다. **기다려도 세상은 이전 상태로 되돌아가지 않으며 결국 당신의 일은 사라질 테니까.**

지금까지 기계화가 진행됨에 따라 '사람'이 불필요해진 경우를 곳곳에서 볼 수 있었다. 예를 들면 역의 개찰구. 예전에는 표를 파는 것도, 표를 확인하는 것도 '사람'이었다. 승차권 판매 창구에서 "시부야까지 어른 두 명" 하고 말하면 두꺼운 종이로 된 표를 건네준다. 그 표를 개찰구에서 보여주면 다른 역곡원이 '짤깍' 하고 개표가위로 잘라주었다. 정기권으로 승차할 때도 역무원이 눈으로 확인했다. 그러나 자동 승차권발매기와 자동 개찰기가 도입된 지금은 어느 쪽에도 역무원은 없다. 그 많던 역무원이 사라진 것이다.

은행 업무도 변했다. 내가 입사하기 전에 흥업은행 본점에는 엘리베이터 안에 여성 안내원이 있었다. 방문객이 엘리베이터를 타고

"8층 영업3부까지요"라고 하면 안내원이 버튼을 누르고 안내해준다(지금도 일부 백화점에는 엘리베이터 안내원이 있다). 흥업은행의 엘리베이터 안내원 중에는 미인이 많다는 소문이 있었는데 엘리베이터 안내원과 사랑에 빠져 결혼한 선배도 몇 명 있다.

내가 입사할 당시, 은행에는 컴퓨터나 워드프로세스가 없었기 때문에 임원회의용 자료는 손으로 직접 만들었다. 그 때문에 지저분하게 쓴 글자를 정서할 사람이 필요했다. 대개 '일반직'이라고 불리는 여직원이 담당했는데 그녀들이 하던 사무 업무도 대부분 지금은 기계가 대신한다. 게다가 무엇보다 흥업은행 자체가 없어져버렸다(지금은 후지은행, 다이이치칸교은행을 통합하여 미즈호은행이 되었다).

젊은 독자라도 고속도로 요금소 직원은 기억할 것이다. ETC(무선 통신으로 차량의 통행요금을 수수하는 시스템)가 보급되기 전에는 박스 안에 직원이 있어서 차량 한 대 한 대가 통과할 때마다 통행료를 받았다. 그 일도 지금은 상당히 줄어들었다.

지하철과 버스 등 대부분이 1인 승무 구조가 되면서 차장이 사라졌다. 도쿄 신바시에서 오다이바를 지나 도요스까지 달리는 '유리카모메'는 기관사가 없는 무인운전이다.

기계화로 인한 이런 변화에 대해 지금까지 일본 기업은 배치전환(같은 회사에서 다른 일을 하게 하는 것)이나 정년퇴직자의 일자리를 충원하지 않으면서 자연스럽게 인원 감축을 해왔다.

하지만 **앞으로 기업은 종신고용을 고집할 수 없을지도 모른다**

(다음 장에서 설명한다). 이미 직원을 끝까지 배려하는 종신고용제도는 옛날이야기가 되어버렸다(노동조합 측의 시각에서 보면 배치전환조차 부당한 일이지만).

사무직도, 크리에이티브 직군도 필요 없다

'역 창구에서 승차권을 판매하거나 개찰구에서 검표하는 일은 기본적으로 단순작업이다. 사무직인 내가 하는 일은 그런 단순작업 과는 완전히 다르다. 그래서 걱정 없다.'

이렇게 생각하는 사람이 많을지도 모른다. 그러나 바둑에서도 인간을 꺾어버리는 인공지능을 상대로 그런 말은 통하지 않는다.

오히려 **앞으로는 사무직과 지적 전문직, 중간관리자가 하는 일이야말로 컴퓨터로 대체될 가능성이 높다.** 대표적으로 변호사의 업무를 예로 들 수 있다.

이미 미국 매스컴을 떠들썩하게 한 뉴스이기 때문에 아는 사람도 많을 텐데 미국의 법률사무소 '베이커앤호스테틀러(Baker & Hostetler)'는 2016년 '로스(Ross)'라는 이름의 인공지능 변호사를 채용했다. 로스는 슈퍼컴퓨터 왓슨(Watson)을 기반으로 하여 인간의 자연어를 이해한다. 이곳에서 인간 변호사 50명과 함께 파산 관련 업무를 담당하고 있다. 로스는 기계학습 기술을 사용하여 수천 건의 관련 사례를 수집하고 분석한 후, 사무소가 담당한 사건에 도움이 되는 내용을 선별해내는 일을 한다. 지금까지 이런 일은 대학을 갓 졸업한 초보 변호사가 담당했다.

신문기자가 하는 일도 인공지능으로 대체되고 있다. 이미 일부 신문사에서는 인공지능 도입 프로젝트가 시작되었고 실제로 〈주부 (中部)경제신문〉은 2016년에 창간 70주년 기획으로 인공지능이 쓴 기사를 신문에 실었다. 어떤 기사일까? 조금만 읽어보자.

〈주부경제신문〉은 1946년 11월 1일, 초토화된 시가지에 아직 '잔해' 더미가 많이 남아있는 나고야 시내에서 창간했습니다. 가치관의 대전환이 다가오는 가운데, 주부 지역의 산업경제가 크게 발전하기 위한 오피니언 리더로서 경제신문을 발행하는 큰 목표를 내건 창간이었다.

앞 문장은 '습니다'이고 뒤 문장은 '이었다'로 쓰는 등 문체가 뒤섞여 있지만 기계가 썼다고는 생각하지 못할 솜씨다.

인공지능의 가장 큰 특징은 스스로 학습한다는 점에 있다. 예를 들어 건축이라면 인공지능이 방대한 양의 설계도를 읽고 스스로 '이상적인 설계'를 학습해나간다. 회화 같은 예술 분야에서도 인공지능이 스스로 방대한 명화를 학습한 후 뛰어난 작품을 창조하게 될지도 모른다.

사무·판매·접객 업종이 사라질 가능성이 높다

구체적으로 어떤 일이 컴퓨터로 대체될까?

2015년 노무라종합연구소는 앞에서 소개한 《고용의 미래》의 저자, 옥스퍼드대학의 오스본 준교수 팀과 공동연구를 실시했다. 《고용의 미래》는 미국의 직업을 분석한 것이지만 이 공동연구에서는 **일본에 존재하는 601개의 직업이 인공지능으로 대체될 가능성을 전망했다.**

연구에 따르면 일본에서는 미국보다 조금 높은 49퍼센트가 인공지능과 로봇으로 대체될 가능성이 높다(미국은 47퍼센트). 결국은 일본 노동인구의 약 절반이 기계로 대체될 가능성이 높은 것이다.

연구 보고서에 자주 등장하는 단어가 있다. 바로 '사무원'이다.

일반 사무원, 의료 사무원, 학교 사무원, 교육·연수 사무원, 행정 사무원, 경리 사무원, 인사계 사무원….

'사무원'이 붙는 직업은 대체 가능성이 높은 직업 100종류 중

〈도표 2〉 인공지능과 로봇으로 대체될 가능성이 높은 직업 100종

(순서는 대체가능성 확률과는 관계없음)

IC생산 오퍼레이터
일반 사무원
주물공
의료 사무원
접수창구 직원
AV·통신기기조립·수리공
역무원
NC연삭기공
NC선반공
회계감사원
가공지 제조공
대출 담당 직원
학교 사무원
카메라 조립공
기계목공
기숙사, 생활관, 아파트 관리인
CAD 오퍼레이터
급식조리원
교육·연수 사무원
행정사무원(국가공무원)
행정사무원(지방공무원)
은행 창구 직원
금속가공·금속제품 검사원
금속연마공
금속재료제조검사공
금속열처리공
금속프레스공
세탁소 직원
계기조립공
경비원
경리 사무원
검수·검품 담당자
검침원
건설작업원
고무제품 성형공(타이어 성형은 제외)

포장공
새시공
산업 폐기물 수집 운반 작업원
지기(紙器) 제조공
자동차 조립공
자동차 도장공
출하·발송 담당자
환경미화원
인사계 사무원
신문배달원
보건의료정보관리사
수산가공식품제조원
슈퍼 직원
생산현장 사무원
제빵사
제분공
제본작업공
청량음료 직매 직원
석유 정제 오퍼레이터
시멘트 생산 오퍼레이터
섬유제품 검사원
창고 작업원
반찬 제조원
측량사
복권 판매원
택시 기사
택배 배달원
단조공(鍛造工, 금속을 두들기거나 눌러
서 필요한 형태로 만드는 일을 하는 직공)
주차장 관리인
관세사
통신 판매 접수 사무원
하역 작업원
데이터 입력원
전기통신기술자

전산 사식 오퍼레이터
전자계산기보수원(IT보수원)
전자부품 제조공
전철기관사
도로 순찰대원
가정용품 수리점 직원
퀵서비스 배달원
발전소 직원
비파괴 검사원
빌딩시설관리기술자
빌딩 청소원
물품구매 사무원
플라스틱 제품 성형공
프로세스 제판 오퍼레이터
보일러 오퍼레이터
무역 사무원
포장작업원
보관·관리 담당자
보험 사무원
호텔객실 담당
머시닝센터 오퍼레이터(머시닝센터:
새로운 가공 면에 대응하여 필요한 공구를
차례로 자동적으로 교환하면서 여러 가지
작업을 한 대의 기계로 하는 공작 기계)
재봉틀 봉제공
도금공
면류 제조공
우편 배달원
우편 사무원
유료도로 요금징수원
계산원
열차 청소원
렌터카영업소 직원
노선버스 기사

* 노무라종합연구소 미래창발센터, 마이클 오스본 준교수 및 칼 베네딕트 프레이 박사와의 공동연구 결과에서[5]

15종류나 된다.

요컨대 사무원이 책상에 앉아서 하는 일은 앞으로 컴퓨터가 대신하게 된다는 것이다.

판매나 접객은 어떨까? 이 표에는 접수창구 직원, 은행 창구 직원, 슈퍼 직원, 청량음료 직매 직원, 복권 판매원, 가정용품 수리점 직원, 계산원 등이 앞으로 없어질 가능성이 높은 직업으로 나와 있다.

한편, 인공지능과 로봇으로 대체되기 어려운 직업으로는 의사 같은 고도의 전문직 혹은 조리사, 미용사 같은 기술직을 들 수 있다.

현재 문과의 73퍼센트가 사라질 직종에 종사하고 있다

노무라종합연구소와 오스본 준교수 팀의 연구 결과는 어디까지나 하나의 추정에 지나지 않는다. 따라서 과도하게 비관할 필요는 없다. 다만 현재 **문과대학 출신자 대부분이 '사무'나 '판매·서비스' 직종에 종사하는데 대체가능성이 상당히 높다는 점**은 조금 걱정되는 부분이다.

좀 더 자세히 살펴보자. 문부과학성의 〈학교기본조사〉에 의하면 2016년 3월에 대학을 졸업하고 취업한 사람 수는 41만 8,000명.

이 중에서 문과는 30만 8,000명, 네 명 중 세 명이 문과다. 이들 30만 명이 조금 넘는 문과대학 출신자가 어떤 직종에 취업했는지를 문부과학성의 〈학교기본조사〉에서 살펴보았다. 그러자 도표 3과 같이 1위가 사무직 종사자로 문과대학 출신자의 36퍼센트, 2위가 판매직 종사자, 3위가 서비스직 종사자로 이어진다. 이 셋을 합치면 **무려 전체의 73퍼센트를 차지한다.**

한편 공과대학 출신자가 이들 세 직종에 종사하는 비율은 18퍼센트에 지나지 않았으며 졸업생의 78퍼센트가 전문적이고 기술적인 직업에 종사하고 있다.

역시 **문과 출신자 쪽이 이과에 비해 미래에 직장을 잃을 위험이 높은 것 같다.**

만약 당신이 대체될 위험이 높은 직종에서 일하고 있다면 결과에 실망하는 데 그치지 말고 조금이라도 **고도의 전문지식을 익히는 쪽으로 나아가야 한다.** 더불어 자신이 맡은 업무의 주변 지식도 익혀서 **지식의 폭을 넓히는 것이 중요하다.** 이 부분에 대한 구체적인 처방전은 4장과 5장에서 좀 더 자세히 다루는데 예를 들면 회사에서 경리 업무를 맡고 있는 사람이라면 연금이나 세무에 관한 지식을 익히는 것이다.

내가 아는 A씨는 학창 시절에 사법시험을 봤지만 안타깝게도 합격하지 못해 중견기업의 법무부서에 들어갔다. 처음에 맡은 업무는 계약서 작성과 확인이었다. 얼마 지나지 않아 회사는 법무부서를

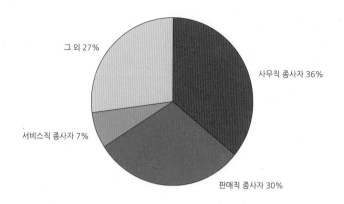

＊ 문부과학성 〈학교기본조사〉를 기초로 필자가 작성
(주: 그 외로 분류되어 있는 학부는 문과로 상정했다.)

〈도표 3〉 문과대학 출신자는 어떤 직종에 취업했는가

축소하게 되었다. 회사가 특별히 인공지능을 도입해서는 아니고 단순히 경영 합리화를 위해 변호사 사무소로 외주를 확대했기 때문이다. 이로 인해 A씨는 법무부 겸 경리부의 직함을 받고 경리에 대해 공부하게 되었다. 그사이 회사는 상장을 하게 됐다. 법률과 경리·재무 지식을 겸비한 A씨는 회계감사에도 해박했다. 그야말로 IR(투자가와의 커뮤니케이션 담당자)에 최적의 인재로 인정받아 IR담당자로 발탁되었다. 사장은 해외 주주를 늘리고 싶다는 생각으로 이번에는 A씨에게 영어 회화를 능통하게 하라는 지시를 내렸다.

이렇게 **자신의 전문성을 높여 수비 범위를 확장해가는 것이 중요하다.**

어디에나 인공지능이
진출해 있다

'내 일은 단순한 사무가 아니야. 오히려 컴퓨터 작업 결과를 토대로 판단을 내리는 일이기 때문에 걱정 없어.'

이렇게 생각하는 사람도 많겠지만 **단순한 사무뿐만 아니라 판단을 내리는 일에도 컴퓨터가 진출한다.**

은행의 융자 업무를 살펴보자. 융자 업무의 핵심은 대상 기업에게 얼마만큼 돈을 빌려줄 수 있는가를 판단하는 일이다. 대출을 요청한 기업에게 더 이상의 대출은 중단하고 잔여 대출금 회수에 들어가야 할까, 아니면 대출을 더 늘려도 될까를 판단한다.

현재, 융자와 심사 현장에는 대부분 스코어링 시스템(점수 체계)이 도입되어 있다. 기업으로부터 입수한 결산서 데이터를 입력해서 위험이 어느 정도인지를 기계적으로 판정한다. 물론 기계적으로 산출되는 점수는 판단 자료에 지나지 않으며 최종적으로는 사람이 결정한다.

1990년 즈음의 일인데 나는 흥업은행 심사부에 있으면서 이와 유사한 시스템 구축 업무에 관여한 적이 있다.

스코어링 시스템이란, 재무의 건전성을 판단하는 것으로 재무제표 데이터의 절대치와 비율을 살펴봄으로써 자산이 효율적으로

운용되고 있는지, 또는 불황이 와도 견딜 수 있을 만큼 재무의 저항력이 있는가 하는 점을 평가한다. 그러나 단 하나 큰 문제가 있었다. 도시바처럼 분식한 결산서가 제출되면 정확한 판단 결과가 나오지 않았다.

은행이 중견 중소기업에 융자할 때는 세무신고서도 함께 살펴서 분식이 있는지 없는지를 확인한다. 하지만 이것만으로 안심할 수는 없다. 세무서는 기업이 실태보다 결산을 부풀려 제시하는 데 대해 관대하기 때문이다(세무서 입장에서 그 편이 세금을 많이 징수할 수 있기 때문에 이런 분식을 오히려 고마워한다). 반대로, 은행 쪽은 실태보다 부풀린 결산서를 토대로 융자를 하면 빌려준 돈을 회수하기 어려워진다.

내가 담당한 업무는 기업의 이런 분식 결산을 간파하는 '알람 시스템'을 구축하는 일이었다(계량시스템 개발실 사람들을 포함해 몇 명으로 팀을 편성해서 담당했다).

기업의 결산서는 분식하기 위해 어느 부분을 수정했을 때 다른 부분도 같이 수정하지 않으면 문제가 생긴다. 정합성의 균형이 깨지는 것이다. '분식결산을 간파하는 시스템'은 그런 정합성이 맞지 않는 항목을 가려낸다. 예를 들어 사실은 대출금액이 좀 더 많은데 이것을 적게 보이려고 분식했다고 하자. 이때 지불금리 금액도 동시에 수정하지 않으면 앞뒤가 맞지 않는다. 시스템은 그런 스크리닝을 다각도로 실시하고 이상치가 나오면 그 항목에 알람이 울리도록 설계됐다.

그러나 처음에 만들어진 시스템은 완벽과는 거리가 멀었다. 예를 들어 결산 수치를 전부 바꿔서 분석하면 컴퓨터는 이를 찾아내지 못했다.

숫자를 전부 바꾼다는 건 무슨 의미인가? 중견 제조업 B사가 분석하는 경우를 살펴보자. 이 회사는 자신들과 비슷한 업태 중 우량기업으로 상장해 있는 C사의 결산서를 입수한다. 그리고 C사의 모든 숫자를, 예를 들어 8분의 1로 계산하여 자신들의 결산서로 조작해서 제출했다고 하자. 그러면 이상치는 발견되지 않는다. 모든 숫자가 8분의 1로 깔끔하게 축소되어 있을 뿐이기 때문이다. 말하자면 전부 분식이다.

우리 팀은 이런 몇 개의 '질이 나쁜 분식'에도 대응할 수 있도록 시스템 보완을 거듭했다. 최종적으로는 나름대로 만족할 만한 시스템이 만들어졌지만 그래도 당시에 시스템은 보조적인 수단에 지나지 않았다. 심사 결과는 어디까지나 인간인 심사담당자가 내린다. 그것이 기본이었다. 담당자가 상대 기업의 경영자와 면담을 거듭하여 경영자의 자질과 성실성 등을 판별한다. 그것이 무엇보다 큰 비중을 차지했기 때문이다.

그러나 최근과 같은 형태로 인공지능이 발달한다면 얘기는 달라진다.

경영자 면담도 인공지능이 실시하는 편이 정밀도가 높아질지도 모른다. 사람의 얼굴과 표정을 화상처리하고 빅데이터를 사용하여 그 사람이 거짓말을 하고 있는가를 판단한다(사실은 화상처리와 빅데이터를 토대로 어떤 사람이 위험한 행위를 할 가능성이 있는지를 인공지능이 판별하는 일은 상당히 이전부터 이루어지고 있다. 예를 들면 각국 정상들이 모이는 회담 때 경호를 위해 이미 이런 시스템이 도입되어 있다).

컴퓨터가 심사담당자인 인간보다도 경영자의 성격이나 거짓의 유무를 더 잘 간파할 수 있게 된다. 그렇게 되면 **최종적인 융자 판단은 인공지능이 하게 될 것이다.** 은행원이 할 일은 점점 줄어든다.

인간의 능력에 가까워지는 인공지능

2016년 11월 구글의 번역 기능이 우수해졌다고 화제가 된 적이 있다. 컴퓨터가 하는 번역은 이전에는 별로 도움이 되지 못했다.

'The world has so many beautiful and amazing places to visit.' 이 문장을 컴퓨터로 번역하면 이전에는 '세계가 방문하기 때문에 많은 아름답고 멋진 곳이 있습니다'라고 해 의미가 잘 이해되지 않았다. 하지만 지금은 '세계에는 아름답고 멋진 곳이 많이 있습니다'라고 온전한 문장으로 나온다(이 책이 출간될 즈음에는 좀 더 훌륭하게 번역할지도 모른다).

이 책 첫머리에서 인공지능을 탑재한 구글의 알파고가 바둑 승부에서 '세계 최강의 기사'라고 불리는 한국의 이세돌 9단을 격파한 이야기를 했다. 그런데 그 후 인터넷상의 바둑 사이트에 닉네임 '마스터'라는 기사가 등장하여 단 일주일 만에 60승 무패라는 기적의 전적을 올렸다. 마스터가 누구일까, 인간일까. 각국 기사들의 의견이 분분한 가운데 그 정체가 알파고의 진화판으로 판명되었다. 알파고는 스스로를 대국 상대로 학습하고 순식간에 더 강해진 것이다. **지금 이 순간에도 인공지능은 점점 영리해지고 있다. 인공지능에는 스스로 학습하는 기능이 갖추어져 있기 때문이다.**

은행의 융자와 심사도 인공지능이 하게 될 것이라고 했지만 자산 운용 분야에서는 이미 로봇이 빠르게 보급되고 있다. 스탠퍼드대학 비즈니스스쿨에서 교편을 잡고 있던 앤디 라클레프 씨. 그가 창업한 로봇 운용 회사 웰스프론트는 설립 후 불과 5년이 지나 예탁 자산을 44억 달러까지 늘렸다. 고객으로부터 받는 운용보수는 처음 1만 달러(115만 엔)까지는 무료고, 그 이상은 일률적으로 0.25퍼센트다. 이 회사에는 월가에서 누구나 그 이름을 아는 버튼 맬키엘 박사(프린스턴대학 교수로 《랜덤워크 이론》의 저자)가 최고 투자 책임자로 관여하고 있다.

새로운 세계는 이제 눈앞에 와 있다. 앞으로 어떻게 대응해야 할 것인가, 그것은 당신 자신이 결정해야 한다. 그것을 생각하는 데 힌트가 될 '살아남을 대책'에 대해서는 이 책의 후반부(4장, 5장)에서 다루기로 한다. 그러나 그 전에 '문과'를 둘러싼 세계가 혹독해져 가는 현 상황을 다음 장에서도 조금 자세히 살펴보자. 시대의 변화에 따른 대응책을 생각하려면 무엇보다 현 상황을 제대로 인식하는 것이 중요하기 때문이다.

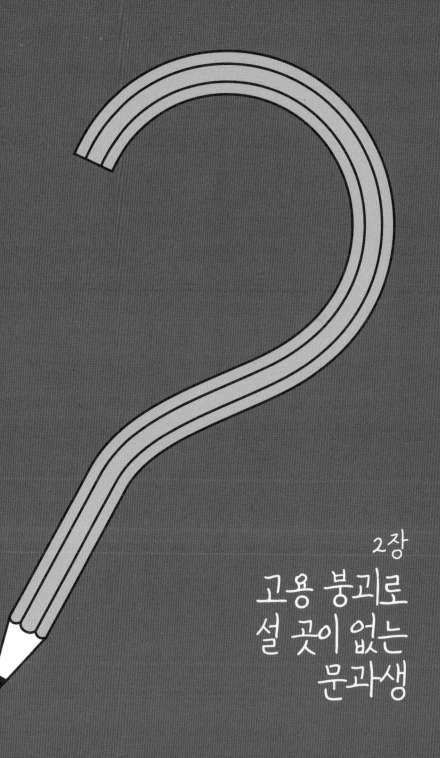

2장
고용 붕괴로
설 곳이 없는
문과생

일하는 사람의
40퍼센트가 비정규직

일본의 대형 생명보험사인 다이이치생명은 매년 샐러리맨 센류(다이이치생명의 기획 경연. 17음으로 구성되는 센류의 형식을 빌려, 그해의 유행과 세태를 반영하면서 샐러리맨의 비애를 유머 있게 읊는다)를 **발표하는 일을 30년째** 하고 있다.

지금까지의 입선작을 살펴보면….

"직원은 불만 하나도 해결 못 해. 알바 불러와."

"뭐가 될 거야? 물으면 아이가 하는 대답은 정규직 사원."

정직원보다 더 능력 있는 아르바이트생을 불러오라는 내용의 센류가 읊어지며 세태를 대변하는 것으로 뽑혔다. 이 정도로 정규직, 비정규직은 일상적인 문제가 되었다.

일하는 사람들 중 비정규직 비율은 어느 정도일까? 조금 민감한 얘기인데 두 개의 통계가 있다. 흔히 사용되는 것은 총무성이 통계한 '노동력 조사'다. 이 통계에 의하면 일하는 사람들 중 38퍼센트가 비정규직이다. 또 하나는 후생노동성이 조사한 '취업 형태의 다양화에 관한 종합실태조사'. 이 보고서에 의하면 비정규직 비율은 40퍼센트다.

이것은 결국 **일하는 사람 중 40퍼센트**(혹은 40퍼센트 가까이)**에게 는 이미 종신고용제도가 적용되지 않는다는 것을 말한다.**

"하지만 비정규직에는 파트타임으로 일하는 주부, 65세 이상 고령자의 취업도 포함된다. 40퍼센트는 과장이다"라고 주장하는 사람도 있을 것이다.

그래서 중요해지는 것이 '본의 아니게 비정규직이 된 사람들'의 숫자다. 예를 들어 일하는 사람들 중 25~34세 연령층에서 어느 정도가 정직원으로 일할 기회가 없어 '본의 아니게 비정규직'으로 일하는 걸까?

답은 71만 명이다. 이 연령층의 비정규직 취업자는 26퍼센트를 차지한다(앞에서 나온 총무성 '노동력 조사'). 이는 기업이 정규직으로 직원을 고용하지 않기 때문이다. 왜 그럴까?

경기가 좋을 때는 문제없지만 막상 불경기에 돌입하면 기업은 살아남기 위해서 어쩔 수 없이 공장을 폐쇄하거나 일부 사업 부문을 철수한다. 적자가 계속 쌓이다 보면 머지않아 기업이 도산해버리기 때문이다.

이럴 때 미국에서는 남아도는 사원을 일시해고(레이오프) 한다. 일시적으로 해고된 사원은 경기가 회복되면 우선적으로 재고용된다. 이것은 다른 시각으로 보면 호황 때 미국 기업은 적극적으로 행동하기 쉽다는 말이다(나중에 불황이 찾아와도 간단히 일시해고 할 수 있기 때문에).

금전해고제가
고용시스템을 붕괴한다

일본에는 미국처럼 일시해고 같은 제도가 없다. 그러므로 정직원은 안심하고 일할 수 있다. 언제 해고될지 몰라 불안한 상황이라면 생활은 불안정하고 소속감을 갖고 일하는 건 불가능하다.

하지만 이것은 기업 입장에서 보면 가혹한 제도다. 불황이 와도 기업은 직원을 계속 안고 가지 않으면 안 된다. 당연히 정직원 채용에 신중해진다. 즉 **일본에서는 비정규직을 정규직의 고용을 유지하기 위한 '조정 밸브'로 사용하는** 것이다.

정직원이라면 여기까지 읽고 '다행이다. 정직원이어서' 하고 안심하지 않는 게 좋다. 왜냐하면 **이러한 시스템이 아마 길게는 가지 못할 것이기 때문이다.**

오래전부터 일본의 정직원은 지나치게 정직원이라는 권리와 대우를 누리는 게 아닌가, 그 악영향이 비정규직에게 미치는 게 아닌가 하는 견해가 있었다.

과거에는 정부가 주최하는 산업경쟁력회의 등에서 '금전해고를 인정하라'는 의견도 나왔다. 그러나 이것은 민주당(현 민진당)과 노동조합의 강한 반대로 흐지부지되었다. 금전해고란 정직원으로 일하는 사람을 해고할 때 일정 금액을 지불하는 것으로 기업이 해고하기 쉽게 하는 제도다. 이것이 인정되면 정규직과 비정규직의 경계가 상당히 흐려진다. 어떤 의미에서 정규직도 비정규직화되는 셈이다.

미국과 유럽, 또는 싱가포르 등에서는 금전해고가 일반화되어 있다. 이들 나라에서는 해고할 때 과연 얼마나 돈을 지불할까?

2013년 11월에 실시된 정부의 산업경쟁력회의 '고용·인재분과회의 유직자(有職者, 각계를 대표하는 지식인과 실무경험자 등을 가리킴) 공청회'에서 오카다 가즈키 변호사가 제출한 자료[7]에 따르면 금전해고로 기업이 지불하는 '해결금'의 상한은, 영국에서는 급여의 1년분 또는 약 11만 달러(어느 쪽이든 낮은 쪽), 독일은 1년 6개월분, 이탈리아는 2년분이다. 이것은 어디까지나 상한 금액이고 실제로는 그때까지 근무한 햇수에 따라 해결금 액수가 정해진다.

애초부터 이런 이야기가 정부 회의에서 나오는 것은 현재의 일본형 '종신고용제도' 아래서는 기업이 국제경쟁력을 잃고 상황이 점점 악화될 우려가 있기 때문이다.

종신고용제는 지켜지는 것이 제일 좋다. 하지만 기업은 이 제도 아래서는 적극적으로 나아가기 어렵다. 설비를 구입하고 직원을 고용해서 사업을 확대하고 신규 사업 진출을 꾀하는 것은 좋지만 실패하면 남는 인원을 끌어안아야 한다. 기업은 어쩔 수 없이 보수적인 경영을 할 수밖에 없다. 그러나 이런 상태로는 경쟁이 치열한 국제사회에서 살아남기 어려워진다. **일본만 종신고용이라는 특권을 정직원에게 주는 것은 무리가 있다.** 민주당과 노동조합의 반대로 흐지부지됐다고는 하지만 머지않은 미래에 금전해고 이야기가 부활할 가능성이 있다.

외국계 투자은행에는 애초 종신고용이 없다

45세 때 나는 22년 동안 근무한 흥업은행을 그만두고 외국계 투자은행으로 전직했다. 1998년의 일이다. **새 직장은 종신고용제도와는 정반대의 세계였다.**

미국인 친구에게 흥업은행을 그만두고 투자은행으로 간다고 했더니 "그런 생각은 하지 않는 게 좋아" 하고 충고했다.

"무슨 바보 같은 생각을 하는 거야? 미국에서는 45세가 되면 슬슬 은퇴를 생각하는 나이야. 그 나이에 그런 힘든 직장에 가봤자 몸이 따라가질 못해."

한편 일본 친구들도 이런 말을 하며 걱정해주었다.

"아무런 보장도 없잖아. 병이라도 나면 어떡할 거야? 곧 해고되고 말걸. 게다가 집 대출금도 아직 남았잖아?"

흥업은행과 외국계 투자은행은 직장 분위기가 완전히 달랐다. 흥업은행은 일하면서 마음이 편한 직장이었다. 무엇보다 같은 회사에서 일하는 선배나 동료, 후배들이 나와 비슷했다. 모두 비슷한 교육을 받았고 비슷한 사고방식을 가지고 있었다.

반면 투자은행에서는 상사가 영국인이었고 부하는 그리스계 아르헨티나인, 독일인 등 국적이 가지각색이었다. 거기에 동질감이나 편안함 같은 건 없고 매일 팽팽한 긴장감이 흘렀다. 하는 일은 투자은행부서에서 기업의 M&A를 돕는 업무였다.

당연한 일이지만 종신고용과는 무관한 세계다. 나 자신을 포함해서 모두가 언제 해고될지 모른다. 매일이 긴장의 연속이었던 탓인지(이유는 잘 모르지만) 이상하게 감기도 걸리지 않았다.

당시 같은 업종인 A사에서는 1997년의 아시아 금융위기와 그다음 해 러시아 금융위기 때문에 아시아 지역에서만 400명이 해고됐다고 매스컴에서 보도했다. 내가 근무하던 투자은행에서도 뉴욕의 간부 회의에 참석하면 "우리 부서에서는 ○○명 감축했다"라고 마치 자랑하듯이 해고한 직원 수를 보고하는 간부의 모습이 눈에 띄었다.

투자은행이 '정리해고 후보생'을 채용하는 이유

진위 여부는 모르지만 당시 투자은행에서는 신입사원 몇 명 정도는 처음부터 해고할 목적으로 입사시키는, 다시 말해 정리해고 후보생으로 채용하는 곳이 있다는 소문이 떠돌았다.

왜 처음부터 해고할 목적으로 정리해고 후보생을 입사시키는 걸까?

이는 불경기가 오자마자 '세계 각 지점마다 일률적으로 인원을 20퍼센트 감축하라'라는 무자비한 지령이 뉴욕의 지도부에서 날아오기 때문이다. 이때 사기를 유지하고 조직을 지켜내기 위해서는 '저 녀석이라면 해고돼도 어쩔 수 없지' 하고 모두가 납득할 만한 사람을 해고해야 한다. 우수한 사람을 해고하면 '왜 저 사람이?' 하고 사내 분위기가 뒤숭숭해지고 '다음번엔 내가 될지도 몰라' 하며 동요한다.

모두가 납득할 수 있는 정리해고 후보생을 미리 채용해두는 것은 우수한 사람을 지키기 위해 필요한 조치였다(적어도 당시 일부 투자은행에서는 그런 사항을 염두에 두고 있었던 것 같다).

정리해고할 목적으로 입사시킨다, 이건 채용되는 쪽 입장에서는 비인도적이고 어처구니없는 일이다. 물론 그런 사실은 입사한 당사자에게는 알리지 않는다. 하지만 투자은행은 실적을 가장 우선시한다. 막상 뚜껑을 열어보니 정리해고 후보생으로 채용된 사람이 최고의 실적을 올리고 동기들 중 제일 빨리 승진했다, 그런 이야기도 종종 들려왔다.

어쨌든 외국계 투자은행은 종신고용제가 확실히 지켜지던 흥업은행과는 다른, 그야말로 '정반대'의 세계였다. 일반 미국 기업보다도 훨씬 위험이 많고(해고되는 사람이 많다) 그만큼 급여(연 수입)도 높다. 대우가 좋은 반면 내일 무슨 일이 일어날지 모른다. 당시 내 동료의 말을 빌리면 '스릴과 서스펜스가 넘치는 세계'였던 것이다.

《누가 내 치즈를 옮겼을까》가 현실이 된다

외국계 투자은행에서 해고된 사람들은 어떻게 됐을까?

미국계 투자은행에서 해고된 사람은(어디까지나 지금부터 15년 정도 전의 일로 내 주변에 한정된 이야기지만) 대개 유럽계 투자은행으로 이직할 수 있었다. 그리고 유럽계 투자은행에서 해고된 사람은 다시 일본 증권회사나 은행의 경력직으로 채용되는 경우가 많아서 해고되더라도 미래를 기대할 수 있었다.

그 이유는 당시 미국계 투자은행에 채용되어 투자은행부서(M&A에 대한 조언을 하는)에서 1년이라도 일한 사람은 상당한 기술과 노하우를 익힐 수 있었기 때문이다(지금은 M&A에 대한 조언을 하는 업무 자체가 일상화되었기 때문에 이 업무 경력자가 당시만큼 소중한 존재는 아닐지도 모른다).

물론 외국계 투자은행이라 해도 일본에 사무실을 둔 이상 일본 법률의 적용을 받는다. 따라서 회사로서는(명분상으로는) 거기에서 일하는 사람들을 해고할 수 없다.

그러나 **투자은행에서 일하는 사람의 입장에서는 처음부터 위험성이 높은 직장이라는 것을 알면서도 그곳에서 일하기로 결정한 것이다.** 위험이 많은 만큼 급여가 높았다. 해고된 건 불황에 빠져서지 자신의 능력 부족 때문이 아니다. 법적으로는 회사에 소송을 걸어서 재판으로 갈 수도 있지만 소송으로 소중한 시간과 장래의 가능성을 놓치려 하지 않는다(재판까지 갔다는 소문이 퍼지면 동종업계에서 채용되기 힘들다). 회사가 주는 금전보상(Severance Package라고 한다)을 받아서 빨리 다음 직장을 찾자, 이렇게 생각하는 사람이 대부분이었다.

1장에서 언급한 《누가 내 치즈를 옮겼을까》를 읽은 사람이라면 알겠지만 치즈가 사라졌다면 쥐들처럼 곧바로 새로운 치즈를 찾으러 뛰어나간다. 적어도 투자은행에 근무하는 사람들은 그런 유형의 사람이 많고 치즈가 돌아올지도 모른다고 헛된 기대를 품는 꼬마인간 같은 사람은 없었다.

회사 측도 새로운 치즈 찾기에 전면적으로 협력해준다.

"유감스럽지만 A씨는 회사를 그만두게 됩니다. 회사 자리에 있는 짐은 인사부가 책임지고 내일이라도 자택으로 우송합니다. 기밀 유지의 의무가 있고 A씨는 지금 이 순간부터 자기 자리로 갈 수 없습니다. 또한 형식상으로 앞으로 3개월 동안은 휴가를 받은 상태가 됩니다. 물론 그동안의 급여는 지불합니다. 회사에 A씨를 찾는 전화가 오면 휴가 중이라고 할 테니까 그동안 다른 직장을 알아보세요. 이어서 A씨에게 적용되는 이직수당, 이른바 금전보상에 대해 설명하겠습니다. 이것은 앞서 말한 3개월분의 급여와는 별도로 지불되는 것으로…."

이런 약속 아래 A씨는 다음 직장을 찾는 활동을 시작한다. 새로 면접을 본 회사나 에이전트 등에서 지금까지 다니던 직장에 전화 문의가 오면 'A씨는 휴가 중입니다'라고 대답해준다. 즉 새로 A씨를 채용하는 회사에서는 A씨가 해고됐다는 걸 모른다. 우수한 인재를 동업 타사에서 스카우트한다고 생각하고 채용하는 것이다. 이처럼 회사는 해고한 직원이 **새로운 치즈를 찾을 수 있도록 지원하는 것이다.**

일본 대기업의
불편한 진실

외국계 투자은행은 냉정하게 대응하면서도 가능하면 직원과 '윈윈' 관계를 구축하려고 한다. '무슨 소리를 하는 거야? 해고되는데 '윈윈'일 리가 없잖아.' 이렇게 생각하는 사람이 있을지도 모르겠다. 그러나 생각지도 않은 고액의 금전보상을 받은 후 기꺼이 회사를 그만두고 바로 다른 회사에 채용된 사례는 지금도 자주 들린다.

이에 비해 일본 대기업의 대응은 떳떳하지 못한 경우가 많다. 오래전에 〈아사히신문〉에 게재된 상사와 부하의 대화는 남의 일로 넘기기 어렵다.

상사 "계속 일하고 싶다는 마음은 이해하네. 하지만… 이 결과를 놓고 '앞으로 열심히 하겠다'는 말을 해도 솔직히 '그래줄 텐가?'라고는 할 수 없네. 뭘 열심히 할 건가?"

사원 "저로서는 열심히 해야겠다는 생각밖에 나지 않습니다. 그럼 제가 어떻게 하면 좋겠습니까?"

상사 "어떻게 하면 좋겠는가가 아니라 반대로 당신이 어떻게 하고 싶은지 묻고 싶어. 이런 실적으로 '계속하겠다'고 하다니, 하는 게 솔직한 마음이야."

기사에는 결국 이 사원은 한 달 뒤에 퇴사했다, 라는 설명이 붙어 있었다.

기업은 직접 대놓고 정직원을 해고할 수 없으니까 직원이 먼저 '퇴사하고 싶다'고 스스로 말하도록 몰아붙인다. 이른바 집단 괴롭힘에 가깝다. 너무 심하면 '파워하라'(직장 권력, 상사의 괴롭힘을 말한다)로 소송당할 수도 있으니까 은밀하게 분위기를 조성한다. 심할 경우 정리해고 대상 직원을 '해고의 방'(해고 대상 직원을 보내는 부서를 통칭하는 말)에 모아놓고 열악한 환경에서 단순작업을 하게 하는 경우도 있다.

재판으로 가는 경우도 많다. 다이와증권의 경우는 소송이 대법원까지 갔다.

다이와증권에 입사한 한 남성은 2012년에 그룹 계열사 '히노데증권'으로 파견근무를 지시받았다. 동료가 아무도 없는 방에 배정받아 하루에 100건의 도비코미영업(사전약속 없이 방문하는 일종의 개척영업 방식으로 국내에서는 흔히 돌방(돌발 방문)영업이라 부른다)을 지시받았다. 고등법원은 회사 측에 150만 엔을 배상하라고 판결하고 대법원도 이를 인정했다(2016년 12월).

판결에서도 지적되었지만 하루 할당량 100건의 외근 영업은 한 건당 4분 안에 방문을 끝내야 하므로 외근 영업을 해본 사람이라면 알다시피 물리적으로 불가능에 가깝다. 법원은 이런 할당량에 합리성을 인정할 수 없다고 판단했다.

그러나 최근에는 정직원을 퇴사로 몰아넣는 수법이 좀 더 교묘해지고 있다. '스킬업(능력 향상)을 위해서'라는 업무 명령으로 사원을 인재회사에 파견한 후 거기에서 사실상 퇴사를 권한다든가 아웃 플레이스먼트 에이전트(out placement agent)를 이용하는 수법이다. 아웃 플레이스먼트 에이전트란 일반적으로 회사의 의뢰를 받아서 정리해고 대상자의 재고용을 지원하는 업자를 말한다.

그러나 그중에는 헤드헌터회사라고 칭하지만, 사기성이 있는 '역 헤드헌터'를 하는 악질업자도 있다. 헤드헌터회사가 정리해고 대상자에게 미리 접근해 '지금보다도 연 수입이 높아진다' 같은 감언이설로 이직을 제안한다. 유혹에 넘어가서 현재 근무하는 회사에 사표를 내자마자 헤드헌터의 이직 제안 이야기는 사라진다. 헤드헌트회사를 가장한 업체는 원래 당신이 있던 회사가 고용한 아웃 플레이스먼트 에이전트였던 것이다.

대기업 사원도
정리해고 후보생이 된다

　　정직원을 퇴사로 내모는 경우는 일부 회사에서만 있는 일이라고 생각할지도 모르겠다. 그러나 실제 상당히 광범위하게 이뤄지고 있다.

　　애초에 정리해고는 고사하고 기업이 도산해버리는 경우도 있다. 도쿄쇼코(東京商工)리서치에 따르면 2016년에만 8,400개가 넘는 회사가 도산했다. 상장기업 중에서도 **과거 10년 동안 85개 회사가 도산했다.**

　　도산에 이르지는 않더라도 거의 매달 대기업이 정리해고를 시행했다는 기사가 신문을 떠들썩하게 한다. 2016년 4월 도시바는 3,449명이 조기퇴직우대제도를 신청했다고 발표했다. 같은 해 11월에는 니콘이 국내에서만 1,000명의 희망퇴직자를 모집한다는 방침을 발표했다. 그 밖에 최근 1~2년 사이에 정리해고를 발표한 회사는 이름만 들어도 아는 샤프, 소니, 일본 담배, 요코가와 전기, 히다치 건기('건설기계'의 준말), 다나베 미쓰비시제약, 아이오이 닛세이 도와 손보('손해 보험'의 준말), 손보 자판 닛폰 고아, 자판 디스플레이, 소고·세이부 등으로 끝없이 많다.

　　요컨대 **대기업에 취업했다고 해서 결코 안심할 수 없게 된 것이**

다. 일본 시장은 인구가 감소하고 있고 해외로 진출한다고 해도 값싼 노동력을 앞세우는 중국 기업이나 동남아시아 기업과 경쟁하지 않으면 안 된다. 단카이 세대가 기업에서 활약하던 1970년대, 80년대 일본에서는 생각할 수 없었던 일이다.

이런 현실에도 불구하고 많은 젊은이들은 아직도 종신고용을 기대하고 바란다. 산업능률대학의 조사에서는 '종신고용을 했으면 좋겠다'에 '예'라고 답한 신규 졸업자가 73퍼센트에나 이르렀다.[8]

부모 세대 대부분은 학교를 졸업하고 나서 한 번도 전직하는 일 없이 몇십 년간 같은 회사에 근무하는 경우가 많았고 거기에 경기정체가 지속되면서 '보다 안정된 직장에서 정년까지 일하고 싶다'고 생각하게 되었을 것이다.

그러나 시대는 변했다. 좋은 학교를 나와 좋은 회사에 들어가고 싶다는 생각으로 목표를 하나씩 헤쳐 나가는 데 열심이던 사람에게 불편한 진실이 도래해버렸다.

이렇게 된 이상 **'한 번 들어가면 평생 안심'이라는 환상에서 깨어나야 한다**, 언제 어떻게 될지 모른다고 새롭게 인식하고 각오하는 편이 훨씬 안전하다. **다가올 위험에 대비해야 한다. 즉, 자신의 실력을 닦고 시장가치를 높이는 것이 중요한데 이보다도 먼저 위험 요인이 있음을 인식하는 것이 첫걸음이다.**

실리콘밸리에서는
직원이 회사를 선택한다

일본에서는 중장년 세대를 중심으로 언제 정리해고 당할지 모른다는 불안에 시달리는 사람이 증가했다. 반면 미국의 실리콘밸리는 상황이 다르다. '직원이 회사를 선택하는 것'이 상식이다. 직원 쪽에서 가능성이 없는 회사는 포기한다. 말하자면 주객전도다. 실리콘밸리의 일본인 기업가 사카모토 아키오의 이야기를 들으면 여러가지를 생각하게 된다. 여기서 간단히 소개하겠다.

사카모토는 과거 20년 이상 기업가의 성지라고 일컫는 실리콘밸리에서 활약해왔다. 원래는 NEC(일본전기)에 근무하던 샐러리맨이었는데 1996년에 뜻을 품고 회사를 그만둔 후 실리콘밸리에 네트워크 부하분산장치를 개발하는 홀론테크를 설립했다. 이 회사는 세계 9개국에 지점이 있으며 직원 수가 200명이 넘는다. 그 후 2001년에는 사카모토가 인터넷 마케팅 툴을 개발하는 회사를, 그리고 2002년에는 데이터베이스 시큐리티 개발 회사를, 이렇게 차례차례 창업하고 성장시켜서 대기업 등에 매각해왔다.

미국과 일본, 두 나라에서 여러 회사의 임원을 역임했으며 현재는 실리콘밸리에서 자동차로 40분 정도 걸리는 곳에 있는 바닷가마을 압토스와 도쿄, 양쪽에 자택을 두고 1년 중 절반은 일본, 나머지

절반은 미국에서 생활하고 있다.

사카모토의 말에 따르면 실리콘밸리 사람들은 2년에서 5년 정도 근무한 후 성공 가능성이 보이지 않는 회사는 일찌감치 포기하고 퇴사하여 새 회사를 창업하거나 다른 회사에 입사한다.

실리콘밸리에서 직원이 '지금 일하는 회사는 성공하기 어렵다'고 판단했을 때 바로 새로운 회사로 옮기려고 하는 데는 이유가 있다. 그것은 이곳에서 스타트업이라고 불리는 신생기업에 근무하는 많은 사람이 회사로부터 스톡옵션(자사 주식을 구입할 수 있는 권리)을 받기 때문인데 지금 일하는 회사가 성장하여 그 결과 상장하거나 대기업에 매수되지 않는 한 자신이 갖고 있는 스톡옵션의 가치가 사라져버리기 때문이다. 그래서 가능성이 없는 회사라면 직원 쪽에서 단념하고 유망한 회사로 재빨리 움직인다.

물론 회사가 갑자기 파산하거나 회사에서 해고되는 경우도 있다. 신생기업에서 일하다 보면 이런 위험은 따라다닌다. 이 때문에 많은 사람이 지금까지 쌓아온 경력으로 '필사적으로 취업 활동에 뛰어드는' 경험을 한다. 그러나 사카모토는 "모두들 그것을 대단히 위험한 행동이라고는 생각하지 않는다"고 말한다.

오랫동안 실리콘밸리에서 일해온 사카모토의 눈에 비친 일본의 상황은 너무나도 안타깝다.

"일본의 대기업 경영자는 버리지를 못합니다. 대표적인 예로 기능이 너무 많아서 불필요한 버튼이 많은 제품군이지요. 잠재고객에 대한 접근도 마찬가지입니다. 'B to B'라고 불리는 기업 간 거래도 비즈니스로 한두 번 만나보면 거래할 고객인지 아닌지 알 수 있을 거예요. 나는 두 번까지 만나보고 가능성이 없을 것 같으면 그만뒀어요. 회사 경영은 줍는 것보다 버리는 것이 중요합니다."

"위험을 감수하지 못하는 경영자는 버리는 경영을 하지 못하고 덮어놓고 줍다가 비효율적인 경영에 빠져버립니다. 이것이 일본에서 직원이 낮은 보수로 긴 시간 일하게 된 원흉입니다. 사장이 강한 의지를 가지고 '버리는 경영'으로 방향을 바꾸지 않는 한 일본 기업은 세계에서 뒤처질 수밖에 없습니다."

버릴수록 스피드가 가속된다. 일하는 사람 입장에서 성공 가능성이 없는 회사를 포기하고, 직장을 옮기거나 스스로 창업하는 것도 일종의 버리는 일이라 할 수 있다.

일본의 현 상황에 비하면 실리콘밸리는 저만치 앞서 있는 느낌이다. 그러나 어쩌면 20년 후 일본에서도 실리콘밸리와 비슷한 풍경을 보게 될지도 모른다.

이과의 비정규직 비율은 17퍼센트, 문과는 38퍼센트

다시 일본으로 눈을 돌려보자. 일본에서는 비정규직과 정규직의 차이가 지나치게 크다. 후생노동성 조사[9]에 따르면 정규직 사원의 월 임금 32만 1,000엔에 비해 비정규직은 20만 5,000엔이다. 정규직을 100으로 하면 비정규직은 64밖에 되지 않는다.

〈일본경제신문〉의 보도(2016년 4월 7일)를 보면 유럽에서는 이 비율이 80~90퍼센트인데, 정부는 우선 비정규직 임금을 정규직의 80퍼센트 정도까지 끌어올리고 싶다고 밝혔다.

비정규직의 또 다른 문제는 연령이 높아져도 급여가 거의 오르지 않고 저임금 상태라는 점이다. 앞에서 언급한 후생노동성 조사에서 남자 정직원은 25~29세에서 24만 8,000엔의 임금을 받다가 50~54세가 되면 44만 3,000엔으로 두 배 가까이 올랐다. 같은 기간 비정규직은 18퍼센트밖에 오르지 않았다.

실제로 월 급여가 20만 엔 정도에다 50대가 되어도 이전보다 좋아지는 게 없다면 결혼해서 가정을 꾸리는 일조차 어려워진다. 이런 사실은 숫자로 여실히 드러난다.

중앙 행정기관이 정리한 2015년 판《소자화(少子化, 저출산)사회대책백서》에 따르면 정직원의 경우 30~34세 남성이 결혼한 비율은

57퍼센트인 데 반해 비정규직은 25퍼센트에 불과하다. 일본의 소자화가 일어난 배경에는 이런 현실이 숨어 있다.

그럼 비정규직 비율을 문과와 이과로 살펴보면 어떨까?

문과 쪽이 이과에 비해 비정규직으로 일하는 비율이 높다.

조금 오래됐지만 2011년 3월에 독립행정법인 경제산업연구소가 발표한 〈이과 출신자와 문과 출신자의 연 수입 비교〉라는 보고서에 따르면 **이과대학 출신 피고용자 중 비정규직으로 일하는 사람은 17퍼센트. 한편 문과대학 출신의 비정규직 비율은 무려 38퍼센트에 이른다.**[10]

이것은 남녀를 합계한 숫자인데 이 중 남성만 따져도 이과대학 출신의 비정규직 비율이 12퍼센트인 데 비해 문과대학 출신의 비정규직 비율은 19퍼센트, 역시 문과 출신자의 비정규직 비율이 상당히 높다.

문과 전공자의 수입이
이과보다 낮다

또 경제산업연구소의 보고서를 보면 남성(평균 연령 46세)의 경우, 문과 출신자의 평균 연 수입은 559만 엔, 이과 출신자는 601만

엔이라는 것을 알 수 있다. 이과 출신자의 연 수입이 40만 엔 이상이나 높다. 보고서는 '이과 출신자가 문과 출신자보다 생산하는 부가가치액이 높다는 것을 시사한다'고 끝맺는다.

하지만 문과라고 해서 실망할 필요는 없다.

2016년 9월 12일에 〈월스트리트〉 지가 미국의 데이터를 보도했다. 이 기사를 간단히 요약해보겠다.

페이스케일(PayScale,Inc.)이라는 급여 데이터를 전문으로 다루는 회사의 조사에 따르면 역사나 철학을 전공한 사람의 연 수입은 토목공학이나 컴퓨터공학 전공자보다 낮다.(도표4) 그러나 브루킹스 연구소의 조사결과에 따르면 상위 10퍼센트 사람들의 생애 연 수입은 역사(375만 달러)나 철학(346만 달러)을 전공한 사람이 컴퓨터공학(320만 달러)보다 높았다.

이런 조사결과를 토대로 〈월스트리트〉는 '리버럴 아츠(liberal arts) 전공자 중에 흔히 사회인이 되고 나서도 대학원에 진학한다든가 자신의 가치를 높이려고 노력하는 사람이 있다'고 분석하며 '리

	졸업 후 0~5년 후	졸업 후 20년 이후
역사 전공자	41,000	81,000
철학 전공자	42,000	97,000
토목공학 전공자	56,000	108,000
컴퓨터공학 전공자	63,000	116,000

*〈월스트리트〉 지(2016년 9월 12일, 페이스케일 사의 데이터 기반)

〈도표4〉 연 수입의 중앙치 추이(단위: 미국 달러)

버럴 아츠 전공자라도 걱정할 필요는 없다. 당신도 잘 해나갈 수 있다(You Do Just Fine)'고 끝을 맺는다(이어지는 제3장에서 다루는데 '리버럴 아츠'란 유럽과 미국에서는 교양학과 같은 것으로, 최근에는 일본의 문과 정도로 인식되는 면도 있다).

정리해고에 강한 건 이과일까, 문과일까?

일반적으로 생각하면 뭔가 기술을 가지고 있는 이과 쪽이 전직에 유리하다. 설령 지금 있는 회사가 잘못되더라도, 혹은 자신이 해고되더라도 다른 곳에서 쓸 수 있는 기술이 있으면 어렵지 않게 취업할 수 있다.

그런데 문과에다 다른 능력이 없는 사람이라면 문제가 간단치가 않다. 물론 문과라도 한 가지 능력이 뛰어나다면 걱정 없다. BMW 판매 능력이 뛰어나서 최상위 실적을 올리던 사람은 생명보험 상품을 판매한다고 해도 나름대로 실적을 올릴 것이다(하지만 그건 극히 소수의 사람이다).

이과 출신의 우수한 사람으로 타사에서도 통용되는 기술과 지식을 가지고 있다면 어디에서도 잘할 수 있다. 이건 분명한 사실이다. 하지만 이과라도 끊임없이 공부하고 자기 발전을 계속하지 않으면 문과와 마찬가지로 한 회사에서만 통용되는 기술로는 '지금 다니는 직장을 그만두면 다른 곳에서는 쓸모없는' 인재가 되어버린다.

요컨대 문과니까 안 된다, 이과니까 걱정 없다, 라는 건 아니다. **문과든 이과든 다른 회사가 원하는 능력이나 기술을 익혀두는 것이 핵심이다.** 그러나 말이 쉽지 실행은 어렵다.

어떻게 하면 좋을까? 문과든 이과든 회사가 원하는 능력을 계속해서 유지해가려면 항상 위기감을 갖고 끊임없이 노력해야 한다. ○○사에 입사했다는 것만으로 안심하고 그 후에 노력을 게을리하는 사람은 어떤 분야에 있어도 위태롭다. 그런 사람들은 현재 다니는 회사가 쓰러지면 큰일 난다. 지금과 비슷한 직장을 찾을 수 있을지, 자신이 해온 일이 다른 직장에서도 통할지, 걱정거리가 산더미처럼 쏟아질 것이다.

언제 잘릴지 모르는 회사에 '도전'은 없다

비정규직은 월 급여가 20만 엔 정도로 정규직의 약 60퍼센트이다. 앞으로 급여가 올라갈 가능성도 보이지 않고 결혼해서 가정을 꾸리기조차 힘겹다. 불경기가 찾아오면 제일 먼저 해고될 가능성마저 높다.

정규직과 비정규직의 격차가 크면 대체 어떤 일이 일어날까? **한번 어딘가의 정규직이 되고 나면 '어떻게든 여기에 매달려 있고 싶다'고 생각한다.**

설령 회사가 잘못된 방향으로 가더라도 목소리를 높이지 않는다. 여러 부문에서 부정 회계가 이루어져 궁지에 몰린 도시바의 경우 현장에서는 '이상하다'고 눈치챈 사람이 있을지도 모른다. 하지만 아무도 정면에서 목소리를 높이지 않았다(적어도 문제가 표면화될 때까지는).

그뿐만이 아니다. 사원이 도전을 포기하면 실패가 두려운 나머지 어려운 프로젝트에 앞장서서 참여하지 않는다. 회의에서 혼자만 반대를 외치는 일도 하지 않는다. 무모하게 대들지 않겠다는 사고방식에 빠져든다. 모두가 자신의 자리에 안주한 채 수비 자세에 돌입하면 회사 전체의 발전 속도는 더딜 수밖에 없다.

회사를 경영하는 쪽에 꼭 하고 싶은 말인데, 사원이 충돌을 두려워하지 않고 자유롭게 행동할 수 있는 회사가 되기를 바란다. 회사를 위해서 행동한 결과라면 다소의 문제를 일으켜도 책임을 묻지 않아야 한다. **젊은 사원이 실패를 두려워하지 않고 도전하며 위험을 감수하는 회사가 결국 발전한다.**

내가 흥업은행에 입사했을 때의 일을 조금 이야기하겠다.

처음에 배치된 곳은 외환부 송금과였다. 입사해서 1년도 지나지 않아 아프리카 자이르(현재의 콩고민주공화국)에서 광산 개발을 하던 일본 회사로부터 로디지아(현재의 짐바브웨, 잠비아)로 외화를 송금해달라는 의뢰를 받았다.

그냥 로디지아에 보내면 되는 거 아닌가, 생각할지도 모른다. 하지만 간단치가 않았다. 당시 로디지아는 인종차별 정책을 실시하고 있어서 국제연합의 경제제재 대상이었던 것이다. 로디지아로 송금하는 자체가 금지되어 있었다.

한편 당시 자이르에서는 정부군과 반정부군과의 분쟁으로 치안이 상당히 악화되어 있었다. 자이르에 있던 이 회사의 일본인 주재원들은 신변의 안전을 위해 로디지아 국경 근처까지 피신해 있었다. 점차 음식물을 사기 위한 생활비가 떨어지기 시작했다. 제일 안전한 방법은 국경 근처 로디지아의 은행에 가서 일본에서 보낸 돈을 찾는 것이었다. 문제는 일본 은행이 송금하면 국제연맹 결의에 어긋나게 된다. 그렇다고 해서 송금 의뢰를 거절하면 이번에는 현지 주재원들과 그 가족의 신변이 위험해진다.

송금한다, 안 한다, 어느 쪽을 선택해도 자칫하면 큰 문제로 발전할 수 있었다.

다른 은행에서 거절당하고 흥업은행으로 온 요청인 것 같았는데 결국 나는 그 회사에서 의뢰받은 돈을 흥업은행과 친분이 있던 스위스 은행으로 보내서 그들에게 로디지아로 송금해달라고 부탁

했다. 스위스는 당시 국제연합 비가맹국이었다. 스위스를 경유한다고는 하지만 엄밀히 따지면 로디지아에 보낸 것이 된다. 문제가 없는 건 아니지만 일본인 가족의 생명을 우선한다는 점에서 배짱이 두둑한 상사가 허락해준 것이다(감독관청인 당시 대장성에는 일단 사전에 설명해두었다). 그런 상사 밑에 있었기 때문에 위험을 두려워하지 않고 행동할 수 있었다.

수비로 전환한 회사는
경쟁에서 이길 수 없다

위험을 피한다든가 '무모하게 대들지 마라'는 생각을 하는 사람이 많아지면 기업은 도전을 포기해버린다. 그렇게 되면 냉혹한 경쟁을 이겨낼 수가 없다. **다소의 충돌을 야기한다 해도 젊은 사람들이 '자기 나름의 집념'을 관철하는 것이 결국은 회사를 성장시킨다.**

문과 이야기에서 조금 빗나가지만 '집념'으로 회사를 성장시킨 사람들의 이야기를 조금 하겠다.

먼저 유니클로의 기능성 속옷 '에어리즘'을 개발한 팀 이야기다. 이하는 제품 개발에 몰두하는 사람들의 모습을 담은 1막이다.

프로젝트 팀 멤버들은 흡한속건(땀과 수분을 잘 흡수하고 빠르게 건조한다는 의미로, 주로 기능성 옷의 소재를 말한다)이라는 '기능성'과 입었는지 안 입었는지 모를 정도의 '착용감'이라는 두 개의 목표를 실현해야 한다.

제품개발팀 기술자들은 시제품을 몇 번이나 만들면서 시행착오를 거듭한다.

그리고 드디어 완성되었다! 만반의 준비 후에 팀원을 모아놓고 완성품을 내보인다.

"여기까지가 최선입니다. 이 이상은 불가능합니다."

"해냈잖아!"

다른 팀원들도 드디어 완제품에 흥분한 기색이다.

그런데 한쪽에서 한 여성의 목소리가 들려왔다.

"하지만 이걸로는 아직 부족해요."

여성 팀원 한 명의 의견이었다. 기능성은 둘째 치고 여성 입장에서 보면 '공기 같은 착용감'과는 거리가 멀었던 것이다.

할 수 없다. 이과 출신 기술자는 좀 전에 '여기까지 최선'이라는 말을 했지만 제품을 들고 자기 자리로 가서 다시 한 번 처음부터 시작해보기로 했다.

프로젝트 실현을 향한 끊임없는 소통과 다소의 충돌을 두려워하지 않는, 젊은 사원의 '집념'이 에어리즘의 좋은 질감으로 이어졌다.

기린 맥주는 알코올이 0.00퍼센트인 세계 최초의 무알코올 맥주를 출시했다. 프로젝트 리더인 가지와라 나미코는 고베대학 경영학과를 졸업한 문과생이다. 졸업 후에는 일본 레버(현 유니레버 재팬)에 입사하지만 2년 후 기린 맥주로 전직했다. 기존의 무알코올 맥주는 0.1~0.5퍼센트 정도로 약간의 알코올 성분을 포함하고 있었다. 그와는 달리 알코올을 전혀 함유하지 않은 맥주 맛 음료의 개발은 업계 최초의 시도였다.

기존의 맥주 맛 음료는 효모를 사용해서 만들었는데 미량이지만 알코올이 남는다. 한편 효모를 사용하지 않으면 맥주 맛이 나지 않는다. 기술자가 시제품을 수없이 만들었지만 가지와라는 '좀 더 맥주에 가까운 맛으로 해달라'며 여러 번 무리한 요구를 한다. 그리고 드디어 최종 제품 개발에 이르렀다.

이렇게 해서 완성된 '기린 프리'는 엄청나게 성공한다. 쇄도하는 매스컴의 인터뷰 의뢰에 답하는 가지와라는 당시 아직 27세, 입사 2년 차였다.

노동조합 요구를 받아들일까, 회사 문을 닫을까?

좋든 싫든 일본 기업은 국제적인 경쟁에 노출된다. 해외 기업과 경쟁할 때 일본 기업만이 정직원에게 종신고용이라는 특권을 계속 부여하는 것은 약점이 된다. 올림픽에서 100미터 달리기를 하는데 일본만 철로 만든 누름돌을 발에 차고 달리는 셈이다. 덧붙여서 '해고의 방'이라든지 일본 대기업 특유의 음험한 정리해고도 이제 그만둬야 한다.

이렇게 말하면 많은 노동조합 관계자들은 '미국적인 방법은 자본가를 이롭게 할 뿐이다', '조합원과 조합원 가족이 놓인 상황을 알지 못한다'라고 비판한다.

사실 나는 흥업은행에 있을 때 노동조합 부위원장을 맡은 적이 있다(1989~1990년). 당시 흥업은행에서는 직원조합이라고 불렀는데 여기서는 알기 쉽게 노동조합이라는 말을 사용하겠다.

"뭐야, 은행은 말만 조합이지 어용조합이잖아. 그런 사람들이 하는 말은 들을 가치가 없어"라고 비판할 수도 있다. 당시에도 일부 조합원들로부터 같은 비판을 받았다.

그러나 우리 집행부는 조합원의 선거로 선출됐고 조합원의 이익만 생각하면서 진심을 다해 활동했다. 삿포로에서 후쿠오카까지 전국 흥업은행 지점을 구석구석 돌며 각 직급의 조합원들과 면담을 반복하여 의사를 모으는 데 힘썼다. 경영자 측과 교섭할 때는 격론을 벌였다. 교섭 상대측이었던 인사부 참사관은 '지금 부위원장이 한 말은 그냥 못 지나가'라며 격앙했다.

솔직히 조합 부위원장 임기가 끝나면 외국 오지로 좌천되어버릴지도 모른다는 불안감도 있었다. 그러나 조합원 전원과 그 가족의 생계가 걸려 있다는 걸 생각하면 경영자 측과 안이하게 타협하는 건 생각할 수 없었다.

그런 경험이 있기 때문에 나는 쉽게 '일본도 금전해고를 도입하는 게 좋다'고 말할 생각은 없다(하지만 검토는 해야 한다).

여기서 두 가지만 지적하고 싶다. 하나는 **중소기업과 벤처기업에서는 직원이 금전적 보상도 받지 못하고 해고되는 경우가 많다는 것이다. 종신고용이 보장되는 곳은 현실적으로 경영 기반이 안정되어 있는 대기업과 관공서**(학교 교사도 포함한다) **정도다.** 또 하나는 **회사가 도산해버리면 모든 걸 잃어버린다는 것이다.**

특히 후자는 투자은행 시절과 내가 대표로 있는 '인피니티'라는 컨설팅회사에서 파산 직전에 있는 회사의 회생 업무에 관여했을 때 경험한 바가 있다. **회사가 도산하면 정리해고 정도로 끝나지 않는다. 직원에게는 지옥이다.**

회사가 무너지면 직원은 어떻게 될까?

쓰러져 가는 회사를 되살리는 건 보람 있는 일이다. 법률적인 문제는 모두 기업회생 전문변호사에게 맡긴다. 투자은행과 인피니티 같은 회사가 담당하는 건 주로 두 가지다. 다양한 시나리오를 상정하고 각각 수지 예상, 즉 현금흐름을 조사한다. 그때 반드시 업황 부진에 이르게 된 원인을 분석한다. 그리고 현금흐름 분석을 토대로 회사재건 계획을 세운다. 또 하나는 대부분의 회생 안건에서는 해당 회사의 자본이 부족한 상태이기 때문에 투자펀드 같은 새로운 투자가가 필요해진다.

회생 안건을 통해 경영권이 교체되는 경우가 많다. 회사를 도산의 구렁텅이에 몰아넣은 경영진은 교체해버린다. 특히 은행 같은 채권자가 채권 컷(경영이 악화된 대기업에 대해 은행이 융자의 변제를 일부 또는 전부를 면제해주는 것을 말한다)에 응할 때는 경영자에게 책임을 지게 하는 것이 일반적이다. 경영권이 움직이므로 사내에 파벌이 있을 때는 권모술수가 소용돌이치기도 한다.

회생 안건에 여러 번 관여하면서 느꼈는데, 기업이 도산하면 가장 비참한 것은 직원과 그 가족이라는 점이다. 회생이 성공하는 경우라면 그나마 괜찮다. 반대로 기업 청산으로 방향이 잡히면 직원들은 하루아침에 직장을 잃는다.

대기업이 정리해고할 경우에는 할증퇴직금을 받기도 하는데 파산하면 퇴직금은커녕 급여도 받지 못한 채 끝날 가능성이 있다. 노동채권은 다른 채권보다 우선되지만 현실은 간단하지 않다. 저당권 같은 피담보채권은 임금보다 우선되고 직원의 사내예금 등은 일반 채권과 동일하게 취급된다."

어쨌든 회사에 자금이 완전히 바닥나면 받지 못한 급여를 지불해달라고 호소해도 없는 돈이 나올 리 없다.

이런 불행한 사태를 피하기 위해서 가장 중요한 건 당연한 말이지만 회사를 도산시키지 않는 것이다. 직원을 한 명도 정리해고하지 않은 걸 긍지로 삼고 열심히 분발하는 중소기업 대표도 많다. 그 마음가짐에는 머리가 숙여지지만 정리해고하지 않고 계속 노력하다가 결과적으로 도산에 내몰리면 직원 전원과 그 가족이 길거리에 나앉게 될지도 모른다. 조합의 생각은 적극 존중하고 싶지만 조합이 너무 강한 탓에 회사가 파산하면 모든 것을 잃게 된다.

세상에 절대로 안전한 직장 같은 건 없다. 취업 인기도 제1위인 지방공무원도 홋카이도의 유바리시(유바리시는 과잉 투자 등 미숙한 시 운영으로 인해 거액의 빚을 지고 2006년 파산했으며 지방자치단체들이 반면교사로 삼아야 할 사례로 많이 소개된다)처럼 재정이 파탄 나는 지역도 있다. 지인 중에 지방 도시에서 재정을 담당하는 사람이 이런 말을 했다.

"젊은 사람들은 다들 도쿄로 나가버리고 고령자만 남아 있어. 지방세를 내지 못하는 지불 불능자도 늘어서 앞으로 어떻게 될까 생각하면 등골이 오싹해져."

이런 예는 일부 지방에 국한된 이야기가 아니다. 일본 전역에서 고령화가 진행되고 있다. 앞으로 고령자의 의료비와 연금 지불로 나라와 지방의 재정은 점점 악화될 것이 불을 보듯 뻔하다. 그렇게 되면 공무원이라고 해도 안심할 수 없다.

**'종신고용제가 지켜주니까 안전하다', '정직원이라 다행이다' 같
은 환상에서 깨어나 언제 어떻게 될지 모른다는 각성이 필요한 때다.**
언제 어떻게 돼도 걱정 없도록 실력을 갈고닦아 자신의 시장가치를
높이는 것이 중요하다.

신규 졸업자
일괄채용제의 붕괴

앞서 일본형 고용시스템의 하나인 종신고용이 무너지는 모습
을 살펴보았다.

일본형 고용시스템에서 또 하나의 큰 축이라 할 수 있는 신규
졸업자 일괄채용은 어떨까?

2016년 10월 **야후는 '신규 졸업자 일괄채용'을 폐지했다.** 대신
신규 졸업자, 기존 졸업자, 제2 신규 졸업자(졸업하고 일단 취직했지만 단
기간 안에 전직을 희망하는 자) 등 경력에 관계없이 연간 300명 정도를
중도채용할 예정이라고 한다. 엔지니어, 디자이너, 영업직 등 모든
직종을 대상으로 한다. 더욱이 야후는 도쇼1부(도쇼는 도쿄증권거래소의
약칭이며 그중 도쇼1부는 소니 등 유명한 대기업이 상장된, 심사 기준이 가장 엄격한

주식시장이다)에 상장해 있는 일본 회사다. 제1 주주는 소프트뱅크이며 미국의 야후는 제2 주주다.

원래 신규 졸업자 일괄채용은 일본이 전쟁 중에 시작한 제도다. 1941년 노무조정령에 의해 국민학교 신규 졸업자는 국민직업지도소의 소개를 받지 않으면 취직할 수 없었던 데서 비롯되었다. **지금도 이 시스템이 유효한 걸까?**

정부 내에서도 이 제도를 다시 생각해야 한다는 의견이 속속 나오고 있다.

2016년 8월 세코 히로시게 경제산업장관은 신규 졸업자 일괄채용에 대해서 "실시하는 기업은 많지만 신입사원이 상당한 비율로 그만두고 있다. 채용되는 학생도, 채용하는 기업도 이 방법은 부담이라고 생각한다"라고 견해를 밝혔다.

속도가 느리긴 하지만 일본형 고용시스템은 무너지고 있다. 그러나 이런 변화를 깨닫지 못하는 사람들이 여전히 많다. 문과 출신 직원 중에는 투지와 근성만으로 성공한 사람도 있을 것이다. 사내 회의 등에서 분위기를 읽는 것만은 최고라는 사람도 많다. 상사가 이사할 때마다 도우러 달려가는 전근대적 사고방식에 젖어 있는 사람도 있을 것이다.

그러나 이런 방식이 언제까지나 통하지는 않는다.

야후처럼 신규 졸업자 일괄채용을 중지하는 기업이 많아지면 어떤 변화가 일어날까?

지금까지 살펴본 것처럼 일본 대기업은 대부분 신규 졸업자로 직원을 채용한 후 정년이 될 때까지 계속 고용하는 종신고용제를 유지해왔다. 학교를 갓 졸업하고 아무런 지식이나 기술도 없는 학생을 고용하여 회사에서 키우는 것이 관행이었다.

문과는 이 제도의 혜택을 받고 있었던 셈이다. 이어지는 3장에서도 다루지만 문과는 이과와는 달리 학생 시절에 이렇다 할 공부를 하지 않아도 학점을 따기만 하면 졸업할 수 있었다. 아무것도 익히지 않은 상태로 구직 활동을 해도 면접을 잘 보면 취업은 어렵지 않았다.

기업 측도 문과 학생이 대학 시절에 무엇을 공부했는가, 지금 어떤 것을 할 수 있는가를 요구하지 않았다. 일단 입사 후에 가르치면 된다는 생각이 기본이었기 때문이다.

그러나 지금은 많은 기업이 애초에 인재를 키울 만한 힘이 없는 상태다. 앞으로는 신규 졸업, 기존 졸업에 상관없이 능력이 있고 조금만 가르치면 바로 실전에 투입할 수 있는 인재를 적극적으로 확보하려 들 것이다. 그러면 문과 학생들이 지금처럼 느긋하게 학창 시절을 보내다가는 쉽게 취업하기 힘들어질 것이다. 이른바 '신규 졸업자'라는 카드가 의미 없어지는 날이 올지도 모른다.

아직도 갈 길이 먼 일본 회사

조금씩이지만 경영자의 의식도 바뀌고 있다. 일본적인 합의 경영과 형식을 중시하는 의사결정 시스템에 칼을 대려는 경영자가 나오고 있다.

이토추(伊藤忠, 대형종합상사)의 오카후지 마사히로 사장은 취임 첫해(2010년)에 회의 개최 횟수를 21퍼센트, 회의 시간을 22퍼센트, 회의 자료 두께를 13퍼센트씩 각각 줄였다. 이후에도 이런 조치를 계속 단행하여 2015년도에는 회의 개최 횟수를 41퍼센트, 회의 시간을 50퍼센트, 자료의 두께를 48퍼센트나 줄였다(다이아몬드 온라인 2016년 10월 17일).

분명 일본 회사는 쓸데없는 회의나 자료가 많다. 이 점을 날카롭게 직시한 오카후지 사장은 과연 남달랐다. 하지만 외국계 투자은행 세 곳에서 일한 경험을 되돌아보면 이 정도로는 아직 부족해 보였다. 무엇보다도 이런 회의 시간과 자료의 두께를 매년 계속해서 세는 직원이 있다는 것 자체가 말이 되지 않는다(직책이 무엇이든 이 일을 해야 하는 사원이 상당히 안쓰럽다).

JP모건에서는(내가 입사하기 전의 일이지만) **컨설턴트를 영입한 후 철저하게 사내 조직을 개혁하여 정례회의를 거의 없애버렸다.** 필요할 때 필요한 사람과 얘기하면 된다. 대부분은 전화나 메일로 충분하다고 생각했다.

애플의 창업자 스티브 잡스는 회의에 참여하는 인원수를 극도로 줄이는 데 신경 썼다.

어느 날 잡스가 모르는 여성이 회의에 들어와 있었다. "당신, 누구죠?" 잡스가 묻자 여성은 이 프로젝트에 관련되어 있고 회의에 호출받았다고 설명했다. 그러나 잡스는 "이 회의에 당신은 필요 없어요"라며 바로 퇴장시켰다. 켄 시걸의 《싱크 심플: 비즈니스 리더 40인이 선택한 최고의 경영 전략》에 나오는 에피소드다.

애플이 세계에서 손꼽히는 거대기업이 된 후에도 **잡스는 가장 현명하고 가장 창조적인 소수의 최정예 집단이야말로 애플을 놀랄 만한 성공으로 이끈다고 믿어 의심치 않았다. 형식을 중시한 회의는 잡스에게는 헛될 뿐만 아니라 유해한 것이었다.**

'업무 방식의 개혁'이
필요한 이유

장시간 근무에 대한 의식 개혁도 필요하다.

유럽이나 미국 신문을 읽다 보면 느끼지만 불명예스럽게도 '과로사(karoshi)'라는 일본 말이 완전히 영어로 정착해버렸다. 해외 주재원에게 들은 이야기인데 매일 밤늦게 귀가하는 일이 이어지니 이웃집의 미국인 부인이 찾아와서 일본인 주재원 부인에게 진지하게 물었다고 한다.

"당신 남편은 야간 근무자인가요?"

웃어넘길 수 없는 가혹한 현실이다. 일본인의 장시간 노동은 유럽이나 미국에서는 농담거리가 되고 있다. 다음은 하야사카 다카시의 《세계의 일본인 조크 모음》(중앙신서 라클레)에 나오는 내용이다.

일본인 비즈니스맨

미국에 체류하게 된 일본인 비즈니스맨이 있었다. 그의 새로운 직장은 미국 전체에서도 성장 속도가 손꼽히는 신생기업으로 사원에게 일을 많이 시키기로 유명했다. 새 상사는 이렇게 말했다.

"내일부터 주 6일, 하루에 12시간씩 일하도록 한다. 그래도 괜찮겠지?"

그 말을 들은 일본인은 놀라서 대답했다.

"잠깐만요. 저는 멀고먼 일본에서 왔습니다. 그런데 그런 파트타임 같은 일을 맡기다니 너무 하시네요."

개미와 베짱이

《이솝 우화》의 개미와 베짱이를 각 나라 버전으로 각색한 것이다.

미국의 경우

바이올린만 켜던 베짱이가 텔레비전 프로듀서의 눈에 든 후 일약 스타로 성장해 큰 부자가 되었다.

구소련의 경우

개미는 현관 앞에 쓰러져 있던 베짱이를 돕고 음식을 나누어준다. 그러나 결국 음식이 부족해지고 개미도 베짱이도 굶어죽는다.

일본의 경우

개미도 베짱이도 과로사한다.

그런데 왜 장시간 노동이 일본에서 없어지지 않는 걸까?

대부분 현장의 부장, 과장에게 책임이 있다.

① 부하에게 장시간 일하게 함으로써 업무의 양과 질이 상승되고 그것이 자기 부서의 실적 평가로 이어진다고 오해한다.

② 신규 졸업자 일괄채용 시스템의 영향으로 각 부문에서 신입사원 쟁탈전을 반복한다. 열심히 일하는 부서 쪽이 신입사원을 보충해달라는 주장이 통하기 쉽다고 오해한다.

③ 무엇보다도 부장, 과장 중에는 귀가공포증인 사람이 있다. 자신이 일찍 퇴근하면 부하도 일찍 퇴근하지 않을까? 그러면 동기와의 경쟁에서 지는 거라고 오해한다.

"그렇지만 외국계 투자은행도 상당히 장시간 근무하지 않는 가?" 이렇게 비판하는 사람도 있을 것이다. 분명 투자은행에서는 상사인 부문장이 과다한 자료를 요구하는 경우가 많다. M&A 등의 프레젠테이션을 받는 거래처 경영진이 샐러리맨 사장인 경우 두툼한 프레젠테이션 자료를 선호하기 때문이다. 그러나 정말로 실력 있는 회장이나 사장이라면 세세한 자료 같은 건 신경 쓰지 않는다.

내가 **외국계 투자은행에서 가장 성공했다고 생각하는 프레젠테이션은 단 한 장의 종이로 했을 때였다.** 그것도 종이 한 장의 왼쪽과 오른쪽에 그림 두 개를 실었을 뿐이었다. 이것을 본 A회장은 잠시 생각에 잠기더니 "그렇군요, 고맙습니다"라고 한마디했다. 이 건에서 경쟁사를 이겼다.

장시간 근무 관행을 바꾸는 것은 간단하지 않다.

원래 미국인에게는 '남보다 먼저 집에 간다'라는 것은 '효율적'이라는 의미와 통한다. 미국 고교에서 유학할 때 시험을 보면 일찍 끝난 사람부터 답안지를 제출하고 교실을 나가버린다. '일찍 끝내고 놀러 가는 사람'은 곧 '잘난 녀석'이라는 식이다.

나는 수학은 꽤 빨리 끝냈지만 영어는 읽는 게 느려서 미국 문학과 미국사 시험에서 시간이 오래 걸렸다. 순식간에 시험을 끝내고 교실을 나가는 반 아이들을 보며 속상했던 기억이 있다.

이런 일을 10대 때부터 경험하는 나라 사람과, 일찍 끝내도 '제대로 다시 살펴봐'라는 말을 듣는 나라의 사람은 사회에 나가서도 야근에 대한 사고방식이 다를지도 모른다.

어쨌든 **쓸데없는 회의와 야근을 없애면 시간이 생긴다.** 그렇게 해서 생긴 시간은 자신을 위해 써야 한다. 세상은 격변하고 있다. 변화에 대응할 수 있도록 자기 계발을 계속하고 자신의 시장가치를 높여야 한다.

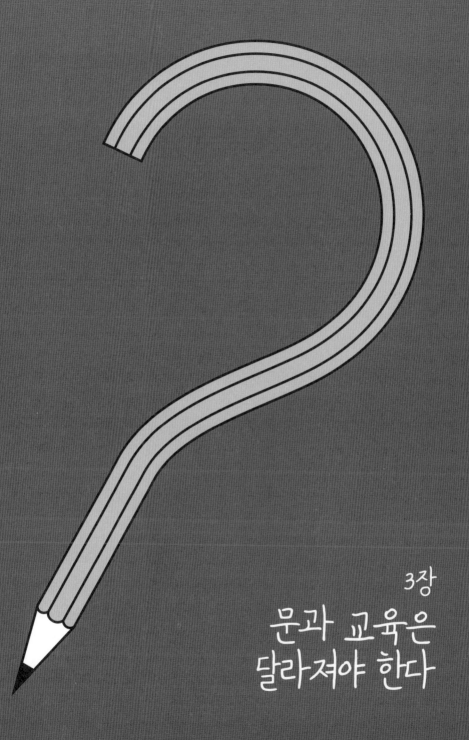

3장

문과 교육은
달라져야 한다

문과대학을
정리해고하다?

'문과 학생은 안 된다', '문과대학은 필요 없는 것 아닌가' 하는
논의가 일고 있다. 무엇보다 국가가 '문과 조직의 폐지와 전환에 몰
두하라'고 요구하기 때문이다.

좀 더 구체적으로 말하면, 2015년 문부과학성은 전국 국립대학
총장에게 '국립대학법인 등의 조직 및 업무 전반의 재검토에 관하여'
라고 제목 붙인 안내문을 보냈다.[12] 이 안에 '교원양성 계열 학부·대
학원, 인문사회과학 계열 학부·대학원에 대해서는 (…) 조직의 폐지
와 (…) 전환에 적극적으로 몰두하도록 힘쓴다'라는 문장이 있다.

이 안내문의 진의에 대해서는 여러 견해가 있지만 분명 그 이전부터 국립·사립에 상관없이 '문과대학의 교육은 사회와 지나치게 동떨어져 있는 게 아닌가' 하는 지적이 각계에서 나오고 있었던 건 사실이다.

나는 인문·사회과학 계열의, 이른바 문과로 분류되는 학문 그 자체가 사회에 도움이 되지 않는다고는 생각하지 않는다. 오히려 **기계화가 진행되는 사회에서 '인간'만이 할 수 있는 일에 보다 높은 가치가 있다면 인문·사회과학을 공부하는 것은 중요한 일이라고** 생각한다.

그럼 도대체 문과의 무엇이 문제일까?

현재 인공지능 등의 기술은 예전과는 비교할 수 없는 속도로 진화하고 있다. 그리고 앞에서도 말했듯이 일본은 일찍이 경험한 적이 없는 초고령사회로 진입했다. 그와 함께 사회와 산업의 구조가 변화하고 있다. 졸업 후에 요구되는 것도 바뀌고 있다. 그런데도 일본의 문과 교육은 대부분 현재의 변화를 전혀 따라가지 못한다. 물론 예외도 있지만 대부분은 **여전히 지식에 편중된 교육이고, '생각하는 힘'과 '토론하는 힘'을 기르려는 자세는 부족하다.**

지식을 익히면 다 아는 것 같은 느낌이 들지만 **실제 사회에서는 모든 것이 응용문제의 연속이다.** 안타깝게도 지식만으로는 맞설 수 없다. 만약 지식 습득에 집중한 나머지 답이 없는 문제를 생각하는 힘이 부족하다면 더더욱 변화하는 시대를 따라갈 수 없다.

경영자는
이런 인재를 원한다

지금은 거의 모든 지식을 스마트폰이나 컴퓨터를 검색하면 쉽게 얻을 수 있다. 아이폰의 '시리'나 안드로이드의 음성인식 기능을 사용하면 마치 옆에 유능한 비서가 있는 것처럼 대부분의 질문에 답해준다.

이런 시대에 필요한 건 지식보다는 오히려 '간단하게 답이 나오지 않는 문제'를 분석하는 힘, 논리적으로 파고들어 추론해가는 능력, 그리고 다른 의견을 가진 사람들과 논리적으로 대화하는 능력, 토론하고 설득하는 힘이다.

나는 직업상 산업계나 금융계 일선에서 활약하는 경영자와 의견을 나누는 일이 많다. 거기에서 **"요즘 젊은이들은 조사하거나 정보를 수집하는 건 빠른데 그걸 기초로 생각하는 힘, 실행하는 힘이 약하다"**라는 말을 자주 듣는다.

긍정적인 평가가 '조사하거나 정보 수집을 신속하게 하는 것' 뿐이라면 **인공지능이 더 발달하면 이런 사람들은 필요 없어질지도 모른다.**

그렇다고 지식이 중요하지 않다는 말이 아니다. 오히려 어느 정도 기초 지식이 없으면 그걸 토대로 하는 일을 이해할 수 없고, 심화 지식을 습득할 수도 없다.

유럽과 미국, 특히 유럽의 경제인들과 대화해보면 문화, 역사, 문학 등 폭넓은 분야에 걸쳐 상당히 높은 수준의 교양을 가진 사람이 많다는 사실에 놀란다. 그들과 대화할 정도의 교양을 갖추지 못하면 바보 취급을 당할 수 있다. 저녁식사나 파티에서 대화에 끼지 못하는 외로운 사람이 되어버린다.

'매혹적인 사람'의 조건

프랑스의 작가이며 모험가이자 정치가였던 앙드레 말로(1901~1976년)는 드골 정권하에서 오랫동안 문화부 장관을 역임했다. 덧붙이면 문화부 장관이라는 지위는 1959년에 드골이 새로 만든 직위다. 말로는 프랑스에서 최초의 문화부 장관이 되어 이후 10년 동안 그 자리에 있었다.

앞에서 유럽의 엘리트는 폭넓은 교양을 익힌다고 언급했는데 이 글을 쓰면서 제일 먼저 떠오른 사람이 말로였다.

1960년, 일본에 온 말로는 쇼와 일왕을 만났을 때 "오래된 나라 일본에 흥미가 있습니까?"라는 일왕의 질문에 이렇게 대답했다고 한다.

"기사도를 일으킨 민족인 우리에게 무사도가 무의미할 리가 있겠습니까?"

케네디 대통령 영부인인 재클린은 1964년 역사가 아서 슐레진저 2세가 진행하는 인터뷰에 답하면서 그녀가 만난 여러 주요인물에 대해 기탄없는 견해를 밝혔다. 2011년 9월 12일에 〈뉴욕타임스〉가 보도한 내용에서 드골 프랑스 대통령은 '극단적으로 자기중심적인 인물'이며 마틴 루서 킹 목사는 '위선자'라고 신랄하게 평한다(킹 목사는 평화적 수단으로 인종차별 문제를 해결하는 데 공헌했지만 사후에 여성 관련 추문이 명확해졌다. 재클린은 여성의 시선으로 그것을 간파하고 있었는지 모른다).

재클린은 많은 주요인물에 대해 가차 없이 평가했지만, 말로에 대해서는 '지금까지 대화해본 사람 중에서 가장 매력적인 사람'이라고 평했다.

말로가 쓴 《반회상록(Antimemoires)》에 다음과 같은 문장이 있다. 말로와 스님과의 대화다.[13]

말로 "당신들의 불교는 약해져가고는 있지만 모든 것에 스며들어 있어서 우리의 기독교와 통하는 데가 있습니다. (…) 유럽인과 서양인에게 일본은 장식물에 불과하지요. 《오키쿠상》(프랑스 소설가 피에르 로티의 소설)부터 오페라 〈나비부인〉까지 겨우 아는 정도고, 훌륭한 초기 궁정화가의 작품도 그저 장식물에 지나지 않습니다. (…) 나는 일본을 믿습니다.
일본의 장식물은 부수적인 거라고 생각하기 때문이죠."

스님 "그럼… 무엇이 주라고 생각합니까?"

말로 "이세신궁, 구마노 길, 나치 폭포…."

문과대학 교수와
학생은 '공범 관계'

말로 같은 사람이 대학에서 강의한다면 제일 먼저 수업 받고
싶지만 현실은 다르다. 도쿄대학에 4개월간 다니다가 미국 하버드
대학으로 유학 간 다카시마 료스케에 따르면 일본과 미국 대학의 차
이는 '수업에 대한 교수의 동기부여'에 있다.[14]

"하버드의 교수님들은 열성적이고 학생의 마음을 끌려고 진지
하게 고민하고 방법을 찾아요. (…) 좀 더 자세한 내용을 교수님께 묻
고 싶으면 학교에 계신 시간에 부담 없이 만나러 갈 수 있어요. 대단
히 개방적이죠. 교수님들은 '연구만큼이나 교육이 중요한 업무 중
하나'라고 생각해요."

"반면 도쿄대학에서는 수백 명이나 들어가는 대강당에서 교수
님이 일방적으로 수업 프린트를 단조롭게 읽어 내리기만 하는 강의

도 있었어요."

내가 다닌 와세다대학의 정경학부에서도 교수가 자신이 쓴 책을 줄곧 읽기만 하는 수업이 있었다.

자신이 쓴 책을 학생들에게 사게 하거나, 잡지에 기고하거나, 텔레비전 버라이어티 프로그램이나 와이드쇼에 출연해서 용돈 벌이에 바쁜 교수도 있다.

게다가 문제는 가르치는 쪽에만 있지 않다. 아무리 대충 수업을 해도 어쨌든 학점을 잘 준다는 평판이 있는 교수가 학생들에게 인기가 있다. 학생 입장에서는 학점을 무시할 수 없다. 훌륭한 수업이라도 좀처럼 좋은 학점을 주지 않는 교수보다는 학점을 잘 주는 불량교수 쪽이 더 나은 것이다. 이러니저러니 해도 제일 중요한 건 4년 후 졸업해서 구직 활동에 유리한가 여부다. 선택과목은 가능한 한 '편한 과목'으로 수강하려고 하는 이유다.

이런 상황을 가리켜 일찍이 예일대학에서 영어 교수를 지낸 윌리엄 데레저위츠는 **교수와 학생은 일종의 '상호불가침조약'을 맺고 있다**고 서술했다. 《공부의 배신: 왜 하버드생은 바보가 되었나》라는 저서에서 이 같은 주장을 펼쳤다. 이 책을 읽으면 학점을 따기 쉽다는 이유로 학생들이 선택과목을 고르는 것은 일본뿐만이 아니라는 걸 알 수 있다. 데레저위츠는 이런 '불가침조약'은 자연과학보다도 그 외의 학문 분야에서 보다 두드러진다고 말한다.

분명 이과에서는 하나하나 내용을 이해하지 못하면 다음 단계로 나아가지 못하는 경우가 많다. 필요한 실험도 해야 한다. '불가침 조약'을 맺기에는 문과 쪽이 좀 더 쉬운 것 같다.

문과·이과라는 구분은 세상에서 통하지 않는다

그런데 **일본에서 당연하게 사용되는 '문과, 이과'라는 틀은 사실 유럽과 미국에는 존재하지 않는다.** 그래서 영어로 제대로 번역할 수 없지만 굳이 구분해보면 다음과 같다.

> 문과: Social Science(사회과학), Literature(문학), Humanities(인
> 문과학), Arts(미술)
> 이과: Natural Science(자연과학), Engineering(공학, 엔지니어링),
> Mathematics(수학)

2장에서도 조금 언급했지만 **유럽과 미국 대학에서는 넓게 리버럴 아츠라는 개념이 자리 잡고 있다.** 일본어로 옮기면 교양학이라 할 수 있는데 문과, 이과를 구분하지 않고 미술과 문학, 역사학, 철학, 수학, 화학, 물리학, 고고학, 천문학 등 다양한 분야를 폭넓게 아

우른다.

리버럴 아츠의 개념은 멀리는 그리스·로마시대까지 거슬러 올라간다. 중세 이후의 유럽 대학에서는 자유민으로 살아가기 위해 필요하다고 하여 자유7과(自由七科)가 교육되었다. 자유7과란 문법, 수사학, 논리학, 산술, 천문학, 기하학, 음악 등 일곱 과목이며 리버럴 아츠는 이 자유7과에 뿌리를 둔다.

최근 리버럴 아츠는 누구나 익혀야 할 기초 교양과목으로 인식되며 이들 일곱 과목에 더하여 폭넓은 과목군을 포함한다.

미국의 경우, 대학은 리버럴 아츠 칼리지(Liberal Arts College)와 대학원을 가진 종합대학(University)으로 나눠진다. 하버드나 스탠퍼드 같은 대학은 종합대학이고, 2016년 민주당의 대통령 후보 힐러리 클린턴이 졸업한 웰슬리대학은 리버럴 아츠 칼리지다(힐러리는 그후 종합대학인 예일대학 로스쿨에 진학했다).

장래 직업으로 직결되는 전문지식과 기능을 익히는 장은 대학원이고 학부의 전공에 상관없이 비즈니스를 전문적으로 배우려는 사람은 경영대학원(비즈니스스쿨에서 통상 2년 코스), 법률을 공부하려는 사람은 법과대학원(로스쿨에서 통상 3년), 의사가 되려는 사람은 메디컬스쿨(대학원에서 통상 4년)로 진학한다.

한편 학부를 보면, 리버럴 아츠 칼리지에서는 4년 동안 폭넓은 지식을 습득하고, 종합대학에서도 입학 때 전공을 정할 필요가 없으며 문과, 이과 분야를 불문하고 폭넓게 공부하다가 서서히 전공을 결정한다. 앞에서 4개월 동안 도쿄대학에 다닌 후, 하버드대학으로 옮긴 다카시마 료스케의 사례를 소개했는데 그가 하버드대학을 선택한 가장 큰 이유가 '문과·이과에 구애받지 않아도 된다'는 것이었다.

다카시마는 수학과 생물에 자신 있었지만 국제정치에도 흥미가 있었다. 어릴 때 천식으로 고생한 경험 때문에 장래에는 '환경정책'에 몰두하고 싶어 했다. 그러나 일본 대학에서는 이를 위해 필요한 문과·이과 분야를 균형 있게 배울 수 없다. 반면 미국에서는 분야를 불문하고 폭넓게 배울 수 있다. 전공은 천천히 정할 수 있고 나중에 변경할 수도 있다. 그래서 그는 도쿄대학이 아니라 하버드대학을 선택했다고 한다.

문과는 모라토리엄에 지나지 않는다

현재 일본 대부분의 고교에서는 1학년 때 '문과'나 '이과' 어느 한쪽을 선택하여 2학년부터 각각 특화된 커리큘럼으로 수업이 진행된다. 일찍부터 대학 입시에 대비하기 위해 이와 같은 시스템을 도입한 것이다.

즉, 많은 아이들이 중학교를 졸업하고 1년 후에는 자신의 장래를 결정해야 한다.

그러나 고교 과목을 이수하는 중반 단계에서 구체적인 전공 같은 걸 정할 수 있을까? 그 나이 때라면 사회 구조나 직업에 관한 지식도 충분하다고 할 수 없다. 15~18세는 감정과 감수성이 풍부한 시기다. 많은 일들이 일어나고 다양한 지식을 접하면서 사고방식과 장래의 꿈이 송두리째 뒤바뀌는 일도 있다. 나 자신을 돌이켜봐도 15세나 16세 때 '정말로 나아가고 싶은 길'을 정하지는 못했다.

그래도 이과로 진학하는 사람은 나름대로 목표로 하는 곳이 있을지도 모른다. 물론 별생각 없이 '수학을 잘하니까 이과가 낫겠지' 하는 사람도 있겠지만 의사가 되고 싶다든지, 약학 연구를 하고 싶다든지, 로봇을 만들고 싶다든지, 좀 더 구체적으로 생각하는 사람이 많다.

그런데 문제는 문과다. 변호사가 되고 싶다, 저널리스트가 되고 싶다는 사람을 제외하면 뭔가 명확한 뜻을 가지고 문과를 선택하는 사람은 거의 없지 않을까? 실제로는 고교 1학년 때 '수학을 못한다'는 이유로 이과를 포기하는 경우가 많다. 심지어 대학 학부는 '시험 과목'과 성적으로 선택하는 경우가 대부분이다.

예를 들어 어떤 유명 사립대학 영문과 학생들에게 학과를 선택한 이유를 물으면 '영어를 잘하면 여러 가지로 유리할 것 같다', '특별히 하고 싶은 것도 없고'라는 애매하게 대답하는 경우가 많다. '셰

익스피어가 다녔던 에드워드6세교의 집중학습에 대해서 연구하고 싶다'라고 구체적으로 대답하는 학생은 거의 없다.

상경 계열 학생들은 '어디를 선택해야 좋을지 몰라서', '아무래도 어문 계열은 취업에 불리할 것 같아서'라고 답하는 경우가 많다.

미국 대학처럼 나중에 전공을 바꿀 수 있다면 상황이 이렇더라도 별 문제없다. 오히려 지식이나 학습량이 부족한 단계에서 구체적으로 대답하는 게 이상한 건지도 모른다. 원래는 다양한 학문을 접하면서 천천히 전공을 정하면 되는 것이다. 하지만 일본에서는 고교 1학년 단계에서 문과를 선택해버리면 그 후 이과로 변경하는 데 대단한 노력이 필요하다. **'문과·이과'라는 틀 때문에 많은 젊은이가 원치 않는 진로로 나아갈 가능성이 높은 시스템이다.**

문과·이과 구분이 없는 미국 고교의 시간표

사실 나는 4년 동안 고등학교에 다녔다. 고교 3학년 1학기를 마치고 AFS라는 교환유학생 프로그램으로 미국으로 건너가서 1년간 미국 고교에서 유학했기 때문이다. 미국에서 유학한 1년은 일본에서 학기로 인정받지 못하여 귀국 후에 3학년 2학기부터 반 년 정도 학교에 다니고 졸업했다. 즉 일본 고교에(유학 전후로 합계) 3년, 미국 고교에 1년간 다녔기 때문에 합계 4년 동안 고교에 다닌 셈이다. 그리고 일본과 미국 양쪽 고교를 졸업했다.

단 1년간 다녔는데 어떻게 미국 고교를 졸업할 수 있을까, 이상하게 생각하는 분도 있을 것이다. 미국에서는 지역에 따라 제도가 다르기 때문에 일반화할 수 없지만 내가 다닌 고교에서는 입학 때 스쿨 카운슬러에게 상담하러 간다. 나를 담당한 교사는 밥 라이언이라는 다정하고 따뜻한 분이었다. 그때 라이언 선생님에게 이런 말을 들었다.

"1년 만에 졸업하려면 다음 세 과목 수업을 듣는 게 필수란다. 이 세 과목을 듣고 합해서 12과목에 해당되는 학점을 따면 1년 만에도 졸업증서를 주거든. 그 세 과목이란 미국사, 미국 문학, 미국 정치야."

내가 다니던 학교는 남 캘리포니아에 있는 뉴포트비치시의 코로나 델마 고교. 벌써 10년 정도 전이지만 〈The O.C〉라는 제목의 텔레비전 드라마가 큰 인기를 얻어서 일본에서도 방송되고 DVD로 나오기도 했는데 그 무대가 된 고교다. 당시 학생 수는 2,500명.

일본 고교에는 3학년 1반, 2반과 같이 반이 구분되어 있어서 교사가 시간표에 따라 교실에 수업하러 오지만 미국은 반이라는 개념이 없었다. 대학처럼 수업을 선택해서 시간표에 따라 학생이 수업을 들으러 간다. 일본 고교에서는 학생이 교실에 있고 교사가 교실로 찾아오지만 이 학교에서는 학생이 움직였다.

반이 없기 때문에 생기는 단점은 있다. 친구가 생기기 어렵다는 점이다. 미국인이라도 내성적이고 소극적인 사람은 4년간(6-3-3제가 아니라 8-4제였다) 학교에 다녀도 전혀 친구가 생기지 않는 경우도 있다.

담임 제도도 없다. 다만 무슨 일이 있을 때 상담해주는 전문 카운슬러가 다섯 명 정도 있다. 카운슬러는 수업을 담당하지는 않고 학생을 상담하는 일을 한다.

나를 담당한 라이언 선생님은 먼저 어떤 과목을 수강하면 좋을지에 대해 말해주었다. 1년은 두 학기로 나눠져 있고 1학기에 여섯 과목의 수업을 듣는다. 시간표는 주 5일, 매일 같은 내용이고 체육 수업은 1년 내내 수강해야 한다.

더듬거리는 내 영어를 듣고 라이언 선생님은 불안했을 것이다. 필수과목 세 과목은 모두 2학기에 들으라고 권해주었다. 조금이라도 영어가 익숙해지고 나서 듣는 편이 좋다는 배려였다.

이렇게 해서 완성된 내 시간표가 도표 5다. 왜 요리 같은 수업을 듣느냐고 생각할지 모르지만 미국 대학생은 부모 곁을 떠나 독립하는 학생이 많다. 그때를 위해서 고교에 요리반이 개설되어 있었다. 그것도 남학생만 대상으로 하는 반이다. 라이언 선생님이 "다른 과목은 수업 중에 대화하는 일도 거의 없지. 하지만 요리 시간은 다같이 대화하면서 즐겁게 하거든. 친구가 생기기도 쉽고 영어도 늘거야"라며 권해준 것이다(이 수업 때 밀가루와 이스트균을 사용해서 빵을 만

	1학기	2학기
1교시	Boy's Food(요리)	Physical Education(체육)
2교시	Advanced Placement of Mathematics(수학)	Advanced Placement of Mathematics(수학)
3교시	Speech(스피치)	US Government(미국 정치)
4교시	Physical Education(체육)	US History(미국사)
5교시	Art(미술)	German III-IV(중급 독일어)
6교시	Social Problems / Anthropology(사회문제/문화 인류학)	American Literature(미국 문학)

〈도표 5〉 미국 고교에서의 시간표

들거나 머핀을 만들기도 했다).

중급 독일어를 선택한 건 일본의 고교(와세다대학 부속 고등학원)에서 제2외국어로 독일어를 배웠기 때문이다. 일본에서는 문장을 독해하는 수업이 중심이었지만 미국 고교에서는 이 시간에 영어를 쓰는 것이 일절 금지되었다. 학생들은 독일어밖에 쓸 수 없고 선생님의 질문에 답할 때도 독일어밖에 허용되지 않는다. 덕분에 반년 뒤에는 독일어로 말할 수 있게 되었다.

일반적으로 미국의 고교는 수학 레벨이 낮다고 하는데 내가 다닌 고교에서는 'Advanced Placement of Mathematics'라는 대학생 수준의 수학 반을 선택할 수 있었다. 나는 일본 고교에서는 수학 I, II B, III를 들었는데 미국의 이 수학 반은 수학 III보다 레벨이 높아서 편미분 같은 것도 가르쳐주었다.

덕분에 스탠퍼드대학의 비즈니스스쿨에서 후에 노벨상을 받은 샤프 교수의 강의를 들을 때 도움이 됐다. 그의 포트폴리오 이론을 이해하려면 편미분이 필요했기 때문이다. 하지만 고교에서 이 수학 수업을 들은 학생은 1학년 600명 중에서 여섯 명뿐이었다.

미국의 고교생은 여가 생활을 상당히 즐긴다. 거의 매주 댄스파티가 열리고 풋볼, 농구 같은 스포츠 팀은 고교대항 시합에서 이기기 위해 열심히 연습한다.

그렇다고 해서 공부를 하지 않는가 하면 그렇지는 않다. 물론 책상에 앉아 있는 시간은 일본 고교생 쪽이 길 것이다. 미국의 고교생은(적어도 내 주위에서는) 학원에 다니거나 과외를 받는 사람은 없었다. 그래도 교사의 수업 방식은 뛰어났고 교과서도 잘 만들어져 있다. 예를 들면 미국사 교과서는 800페이지가 넘는 두꺼운 책인데 읽기만 해도 여러 상황이 머리에 들어오게 구성되어 있다. 일본사를 싫어하는 사람이 NHK의 대하드라마를 통해 역사를 알게 되었다는 말을 간혹 하는데 그와 비슷하다.

'교양과목'에서 '교양과학'의 시대로

미국 고교의 예까지 들면서 그들의 교육 시스템을 살펴보았는데 물론 그것이 완벽하다는 것은 아니다.

분명 미국에서는 이른 시기부터 문과·이과를 선택할 필요는 없다. 스탠퍼드대학의 비즈니스스쿨에는 '학부 시절엔 미술을 전공했다'는 여학생도 있었다. 그러나 그녀는 순식간에 경제학과 회계학 지식을 익히고 적극적으로 수업에 참여했다.

한편으로 최근에는 미국에서도 단순히 '학점을 따기 쉽다'는 이유로 인문과학 계열이나 사회과학 계열 과목을 듣는 학생이 늘고 있다. 일본과 같은 경향을 보이는 것이다. 앞에서 언급했듯이 윌리엄 데레저위츠에 따르면 하버드나 예일같이 세계적으로 유명한 대학에서도 이런 경향이 나타나는 것 같다.

그 결과로 '리버럴 아츠'의 개념이 조금씩 바뀌어 일본의 '문과'에 가까워지고 있다.

미국에서 자연과학, 공학, 수학을 중심으로 공부하고 싶은(일본에서 말하는 이과) 학생에게는 크게 두 가지 코스가 있다. 하나는 종합대학에 가서(즉 넓은 의미의 리버럴 아츠의 커리큘럼 안에서) 이과 계열 과목을 중심으로 선택해가는 코스다. 결과적으로 전공은 예를 들면 물리학이나 수학이 된다. 수여되는 학위 명칭은 대학에 따라 달라서 Bachelor of Arts(BA, 교양학사 또는 문학사)거나 Bachelor of Science(BS, 이학사), Bachelor of Engineering(BE, 공학사)이다.

또 하나의 코스는 처음부터 공과대학에 진학하는 코스다. 캘리포니아 공과대학(약칭은 캘테크)이나 매사추세츠 공과대학(MIT) 등이 유명하다. 캘테크의 교수와 졸업생 중 노벨상 수상자는 35명에 이른다(MIT는 좀 더 많아서 87명).

이런 이과 계열 전공자는 최근에는 STEM 전공자라고 불리는데, 좁은 의미로 리버럴 아츠 전공자는 이와 대립되는 개념으로 인식될 때가 많다. 결국 협의의 의미에서 리버럴 아츠는 일본의 문과에 가까운 개념이 된다.

덧붙여서 STEM이란 과학(Science), 기술(Technology), 공학(Engineering), 수학(Mathematics)의 머리글자를 딴 것이다.

미국의 유명한 투자가 비노드 코슬라는 "미국의 리버럴 아츠는 18세기의 유럽 교육이 소규모 진화를 이룬 것에 지나지 않는다"고 단정하고 "리버럴 아츠의 고전적인 정의와 오늘날 리버럴 아츠라는 이름 아래 실시되는 교육, 양쪽 모두가 4년이라는 시간을 들여 교육하기에 적절하다고는 하기 어렵다"고 주장한다.[15]

또한 코슬라는 "리버럴 아츠의 원래 목표는 비판적 사고에 있었지만 오늘날 학교에서는 비판적 사고 교육을 거의 중요시하지 않는다"고 말한다. "전통적인 교육이라는 것은 상당히 뒤떨어져 있으며 구세대적인 종신재직권을 가진 대학 교수들은 시야가 좁고 편협한 시각을 가지고 있어서 새로운 것에는 도전하지 않는다"라고 가차 없이 비판한다.

코슬라는 "오늘날과 같은 리버럴 아츠로는 바람직한 수준의 사고력을 습득할 수 없다"고 강조한다. "왜냐하면 리버럴 아츠 전공자는 ①수학적 모델에 익숙하지 않으며, ②에피소드나 데이터에 관한 통계적 이해가 부족하기 때문"이라 말하며 **많은 리버럴 아츠 전공자에게서 ①잘못된 논의, ②근거가 없는 결론, ③단순한 이야기를 사실에 기초한 단정으로 혼동해버리는 점, ④인터뷰에서 한 인용을 사실로 오인해버리는 일, ⑤통계의 오용** 같은 결점이 보인다고 한다.

그는 컴퓨터가 중요한 역할을 하는 현대 사회에서 필요한 것은 '리버럴 아츠'가 아니라 '리버럴 사이언스'라고 주장한다. 구체적으로는 경제학, 통계학, 수학, 논리학, 시스템모델링, 심리학, 컴퓨터 프로그래밍 등으로, 이런 과목을 통해 학생들은 다음의 다섯 가지를 습득할 수 있다고 생각한다.

① 학습과 분석의 기본적 툴. 주로 비판적 사고, 과학적 사고 절차와 방법론.
② 이후 몇십 년 사이에 만나게 될지도 모르는 다양한 문제를 개념적으로 모델화하거나 판단할 때 필요한 논리학과 수학, 통계학 같은 기초 지식.
③ 이들 툴을 어느 영역에서 사용할 수 있는지를 이해하고, 필요에 따라 영역을 변경하는 스킬.
④ 경쟁이 치열한 글로벌 경제사회에서의 구직 준비.
⑤ 민주주의 사회에서 정확한 정보를 가지고 지적으로 판단할 수 있는 시민이 되는, 즉 사회의 일원으로 최첨단 정보를 계속 유지하기 위한 준비.

대학 순위에 담긴
이면의 진실

코슬라의 비판과 제안에는 찬반양론이 있을 것이다. 다만 어느
쪽이든 **미국에서는 현재의 교육 시스템이 '시대와 사회의 요구에 부
합되는지'에 대해 활발하게 검증하고 있다. 그것은 대학이 심각한 경
쟁 상태에 놓여 있기 때문**이다.

스탠퍼드대학 비즈니스스쿨의 학장이 일본에 올 때마다 졸업
생 몇 명과(5~6명) 함께 저녁식사 모임을 자주 갖는다. 학장이 기대
하는 건 졸업생들의 기탄없는 비판과, 세계 톱 비즈니스스쿨의 왕좌
를 계속해서 지키기 위한 건설적인 제안이다. 비즈니스스쿨은 항상
시대를 앞서나가지 않으면 안 되고 조금이라도 태세를 늦추면 경쟁
상대(스탠퍼드대학의 경우는 하버드대학 등)에게 밀린다.

이런 끊임없는 노력의 결과, 미국 교육은 꾸준히 높은 레벨을
유지하고 있다. 유감스럽게도 일본 대학은 국제사회에서 경쟁한다
는 의식이 미국만큼 높지 않다.

예를 들어 미국의 유명 대학 홈페이지를 살펴보면 거의 반드시
노벨상 수상자의 수가 이름과 함께 구체적으로 나온다. 계산법은 대
학에 따라 저마다 다르다. 객원교수로 와 있던 사람의 수상 숫자도
포함시키는 대학이 있는가 하면 스탠퍼드대학처럼 보수적으로 세

	대학명	나라	인원
1	케임브리지	영	96
2	시카고	미	89
3	MIT	미	87
4	컬럼비아	미	82
5	옥스퍼드	영	52
6	스탠퍼드	미	51
7	캘리포니아(버클리)	미	51
8	하버드	미	49
9	코넬	미	46
10	프린스턴	미	42

(대학 측 공표 수치)

〈도표 6〉 노벨상 수상자 수

	대학명	나라	인원
1	하버드	미	134
2	컬럼비아	미	100
3	케임브리지	영	95
4	캘리포니아(버클리)	미	92
5	시카고	미	92
6	MIT	미	87
7	옥스퍼드	영	65
8	스탠퍼드	미	60
9	코넬	미	54
10	예일	미	52

(위키피디아 수치)

〈도표 7〉 노벨상 수상자 수

어서 스타인벡(1962년 노벨문학상)조차 숫자에 넣지 않는 대학이 있다
(스타인벡은 스탠퍼드대학 학부와 대학원에서 공부했지만 양쪽 모두 중퇴했다).

　　주요 대학이 홈페이지에서 발표하는 노벨상 수상자 수는 도표
6과 같다. 이것과는 별도로 위키피디아가 독자적으로 순위를 발표
했다(객원교수 등도 포함하는 상당히 느슨한 계산이다). 위키피디아에 따르면
세계 톱 텐은 도표 7과 같다.[16] 일본 대학은 느슨하게 계산한 위키피
디아의 순위에서도 좀처럼 상위권에 이름을 내밀지 못한다. 유일하
게 도쿄대학만이 50위에 이름을 올렸다. 수상자는 도모나가 신이치
로, 에사키 레오나, 고시바 마사토시, 난부 요이치로, 가지타 다카아
키, 네기시 에이이치, 오무라 사토시, 오스미 요시노리, 사토 에이사
쿠, 가와바타 야스나리, 오에 겐자부로 등 11명이다.

평균 학력만 높은
일본 교육

주의해야 할 것은 여기서 논한 미국 교육은 일류 대학을 다룬 내용이며 전체 모습을 말하는 건 아니라는 점이다. 하버드와 스탠퍼드에 진학할 수 있는 사람은 미국에서도 얼마 안 된다. 또 내가 고교 시절에 유학했을 때의 예를 들었는데 그 학교도 미국 전역에서 손꼽히는 부유층이 사는 지역에 있던 고교다.

평균치로 보면 오히려 일본이 미국보다 상위라는 조사결과도 많다. 2016년 12월 6일에 OECD가 발표한 각국 학생들의 교육수준을 평가하는 PISA(학습도달도 조사)에서 일본은 과학적 응용력에서 72개국 중 제2위(한국은 제10위), 수학적 응용력에서는 제5위(한국은 제7위), 독해력에서는 제8위였다(한국은 제7위).(도표 8) 이것은 15세 학생들 약 54만 명을 대상으로 조사한 결과인데 일본은 세 분야에서 모두 미국보다 우위였다(미국은 과학적 응용력에서 제25위, 수학적 응용력에서 제40위, 독해력에서 제24위). 덧붙여서 이들 세 개 부문 모두에서 톱을 장식한 나라는 싱가포르다.

미국은 자신들의 방식으로 국력을 키우고 국제사회에서 경쟁하려고 한다. 그것은 격차는 외면하고, 경쟁을 부추기고, 경쟁에서 승리한 '소수의 상위층 사람들'이 사회를 이끌어가는 방식이다. 경

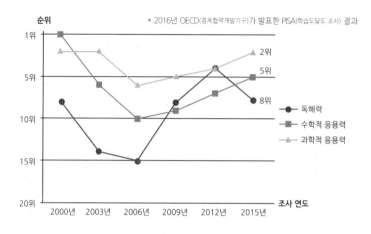

* 2016년 OECD(경제협력개발기구)가 발표한 PISA(학습도달도 조사) 결과

〈도표 8〉 일본의 학력 국제 순위

* 사이타마시 교육위원회 2016년 판《교육요람》에서

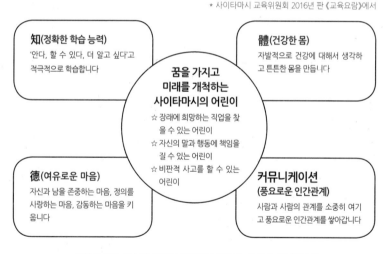

知(정확한 학습 능력)
'안다, 할 수 있다, 더 알고 싶다'고 적극적으로 학습합니다

體(건강한 몸)
자발적으로 건강에 대해서 생각하고 튼튼한 몸을 만듭니다

꿈을 가지고 미래를 개척하는 사이타마시의 어린이
☆ 장래에 희망하는 직업을 찾을 수 있는 어린이
☆ 자신의 말과 행동에 책임을 질 수 있는 어린이
☆ 비판적 사고를 할 수 있는 어린이

德(여유로운 마음)
자신과 남을 존중하는 마음, 정의를 사랑하는 마음, 감동하는 마음을 키웁니다

**커뮤니케이션
(풍요로운 인간관계)**
사람과 사람의 관계를 소중히 여기고 풍요로운 인간관계를 쌓아갑니다

※비판적 사고: 자신의 머리로 생각해서 말하고, 한 번은 의심해보며,
자신의 경험에 비추어 탐색해가는 사고법(문부과학성 자료에서).

〈도표 9〉 사이타마시가 목표로 하는 어린이상

쟁에 패한 많은 사람들에게 반드시 편안한 사회는 아니다. 지역에 따라서는 폭력과 범죄가 끊이지 않는 곳도 있어 그런 지역에 있는 학교는 피폐해지고 있다.

한편 일본은 평균적으로 수준이 높다. 게다가 OECD에 따르면 일본은 교육 기회가 균등하다는 평가를 받는다.

비판적 사고의
도입이 시작되고 있다

나의 숙모는 사이타마현 우라와시(현재의 사이타마시)에서 오랫동안 초등학교 교사로 재직했다. 숙부가 일찍 세상을 떠났기 때문에 여성 혼자 힘으로 두 딸을 키웠다. 숙모는 이미 타계했지만 살아 있다면 올해 104세가 된다. 어릴 때 숙모 집에 자주 놀러 갔다. 그때마다 "세상을 위해, 사람들을 위해 살아가렴" 하고 말해주었다. 몸과 마음을 다해 교사라는 일에 열중하는 숙모의 모습을 보고 자란 사촌 두 명은 고향 사이타마시에서 초등학교 교사가 됐다.

그 사이타마시 교육위원회의《교육요람》이 웹사이트에 공개되어 있다.(도표 9)[17]

이《교육요람》에 의하면 사이타마시가 목표로 하는 '어린이상'

은 ①장래에 희망하는 직업을 찾을 수 있는 어린이, ②자신의 말과 행동에 책임을 질 수 있는 어린이, ③비판적 사고를 할 수 있는 어린이라고 제시되어 있다. 사이타마시가 목표로 하는 '청소년상'의 네 가지에도 그중 하나는 비판적 사고를 할 수 있는 청소년을 들고 있다. 그리고 비판적 사고의 설명에는 '자신의 머리로 생각해서 말하고, 한 번은 의심해보며, 자신의 경험에 비추어 탐색해가는 사고법'이라고 해설이 붙어 있다.

앞에서 말했듯이 미국의 투자가 코슬라는 "미국의 리버럴 아츠의 본래 목표는 비판적 사고에 있었지만 오늘날 학교에서는 비판적 사고 교육을 거의 중요시하지 않는다"고 위기감을 나타내며 비판적 사고를 철저히 교육해야 한다고 강조한다. 사이타마시에서는 이미 비판적 사고를 교육 목표로 내세우고 있다(다른 지자체에서도 표현은 다르지만 비슷한 목표를 내세우는 곳이 많다).

수학 콤플렉스는
극복할 수 있다

일본과 미국에서는 수학을 못해서 문과로 진학하는 사람이 있다. 미국 고교에 다닐 때 친구(미국인) 중에는 "대수(algebra)와 기하

(geometry)까지는 대충 알겠어. 근데 삼각법(trigonometry)이 나오면 더 이상 모르겠어" 하고 푸념하는 아이들이 있었다.

분명 현실은 이렇지만 **수학적 사고방식을 이해하는 데 특별한 재능과 능력은 필요 없다.** 만약 당신이 수학을 싫어한다는 이유로 문과에 왔다면 그건 아마도 당신의 능력 탓이 아니다. 단지 기초를 가르치는 교사의 수업 방식이 나빴기 때문이었는지 모른다.

어른을 위한 수학학원을 연 나가노 히로유키는 저서 《뼛속까지 문과인 사람을 위한 쉬운 수학 발상법》(기술평론사)에서 수학을 단기간에 정복하는 학생에게는 공통점이 있다고 한다. 한마디로 국어 실력이 뛰어나다는 점이다.

의외라고 생각할지도 모른다. 나가노 히로유키는 그 이유를 다음과 같이 덧붙인다. "조리 있게 문장을 구사할 수 있는 사람, 타인이 한 말을 자신의 말로 바꾸어 표현할 수 있는 사람은 이미 사물을 논리적으로 생각하는 밑바탕이 충분히 갖추어져 있기 때문이다." 그래서 올바른 공부 요령을 알려주면 이해가 빨라서 순식간에 수학 능력을 향상시킬 수 있다고 한다.

수학 문제는 원래 답이 하나로 정확히 나온다. 스스로 풀어서 정답에 이르든 다른 사람이 푸는 과정을 보든 그 이치를 깨닫는 순간 두뇌는 '그렇구나' 하고 활성화된다. 여러 가지로 해석할 수 있는 국어 문제나 마구잡이로 암기해야 하는 다른 교과와 달리 수학은 본래 재미있는 과목인지도 모른다.

그래서 텔레비전 채널을 돌리면 〈메지컬 두뇌 파워!〉(니혼TV), 〈뇌 화장, IQ 보충〉(후지TV 계열) 같은 퍼즐 형식의 퀴즈프로그램이 나온다(대부분은 기하와 대수 문제다).

좀 더 단순히 '수학 문제'만을 다루는 프로그램도 있다. 그것도 NHK가 아닌 민영방송 프로그램으로, 호평 속에서 7년 동안이나 계속된 프로그램이다(2006년부터 2013년까지). 〈다케시의 코마대수학과〉(후지TV 계열). 이 프로그램에서는 비트 다케시, 도쿄대학에 재학 중인 여학생 두 명, 코마대수학연구회, 이렇게 세 팀이 매주 고교생 레벨(주에 따라서는 좀 더 어려운 경우도 있다)의 수학 문제에 도전한다. '그렇구나!' 무릎을 치며 즐겁게 이 프로그램을 보는 문과 출신들도 많을 것이다.

그렇다면 많은 문과생이 수학에 콤플렉스를 느끼는 건 분명 가르치는 쪽에 문제가 있었는지도 모른다. 기본적으로 학교 수업은 교사 한 명이 많은 학생을 일방적으로 가르치는 방식이다. 한 사람 한 사람에게 대응할 시간이 한정된다. 수업 중에 이해가 안 된 부분이 있다고 해도 일본인은 바로 손을 들고 "선생님, 모르겠는데요" 하지는 않는다(주위 시선을 신경 쓴다). 내가 미국 고교에서 놀란 것은 학생이 이해가 안 되면 바로 손을 들고 "선생님, 잘 모르겠습니다" 하는 점이었다.

충분히 시간을 들여서 꼼꼼하게 가르치면 이해했을 학생도 감기에 걸려서 결석했다든지 하는 작은 일이 계기가 돼서 수학을 어려워하게 되고 '소극적인 문과생'이 되어버린다.

그러므로 당신도 **'나는 수학을 못해'라고 생각할 필요는 전혀 없다.** 사실 학생 시절에는 수학을 싫어했지만 어른이 되고 나서 입문서를 읽으며 기초부터 꼼꼼하게 공부한 후 수학의 재미를 알게 되었다는 사람도 많다.

문과 학생의 성장은
18세에 멈춘다?

배우는 건 '성장'하는 것이고 이것은 본래 즐거운 일이다. 자전거를 탈 수 있게 됐다, 물속에 들어가기도 무서웠는데 수영을 할 수 있게 됐다, 역 앞에 있는 간판의 한자를 읽을 수 있게 됐다, 하는 일이 생겼을 때를 떠올려보라.

누구에게나 '좀 더 그렇게 되고 싶다'라는 끝없는 성장 욕구가 있기 때문에 어린아이도 배우려고 한다. 배우는 건 즐겁고 재미있는 일이다.

적어도 초등학교 저학년 때 '초등학교 졸업이라는 학력을 원하기 때문에 부지런히 학교에 다녔다'는 사람은 없다.

그 후에는 어떨까. 어느 사이엔가 배우는 것이 어떤 목적을 달성하기 위한 수단이 되어버린다. '공부한다 ⇒ 좋은 대학에 들어간다 ⇒ 좋은 회사나 관공서에 취직한다.' 그렇게 되면 모든 일이 다 잘되고…, 라는 판에 박힌 가치관이 아이들에게 주입된다. 부모도 선생님도 무조건 '좋은 고등학교에 들어가라', '좋은 대학에 들어가라', '좋은 기업에 취직해라' 하며 이끈다. 말하자면 일본 전체가 '학원' 같은 느낌으로 변했다.

아이는 배움의 즐거움을 잃어버리고 눈앞의 '시험 돌파'가 최대 목표가 되었다.

나는 **이 현상을 '근거리 목표 설정'이라고 부른다.** 예를 들면 '좋은 대학에 들어간다'라는 근거리 목표가 있다. 고교에서 열심히 공부하는 목적이 대학 합격이라면 합격한 순간에 목표에 도달한다. 일본의 문과대학은 입학만 하면 대부분 졸업할 수 있기 때문에 진지하게 공부하지 않는 학생이 많아진다. 다시 말해 대학에 입학한 18세에 성장을 멈추는 것이다.

항상 '좋은 고교'와 '좋은 대학'이라는 '근거리 목표'를 위해 달려온 아이들에게 공부는 어디까지나 목표 달성을 위한 도구에 지나지 않는다. 원래라면 무엇을 어떻게 공부하고 어떻게 살아가는가가 중요하지만 그에 대해서는 관심을 두지 않는다.

2016년 2월 2일 〈뉴스위크〉 일본판(디지털 판)에 '일본인의 지적 호기심은 20세에 이미 노쇠했다'라는 제목의 기사가 실렸다.

이것은 OECD가 실시한 국제 성인역량조사(2012년)의 결과를 교육사회학자인 마이타 도시히코가 기사화한 것이다. 이 보고서에 따르면 일본인은 학력은 정상이지만 '새로운 것을 공부하는 걸 좋아한다'라는 지적 호기심이 극단적으로 낮다. 21개국 중 한국에 이어 제일 끝에서 두 번째다. 20세 일본인의 지적 호기심은 스웨덴의 65세와 비슷하다.

18세에 대학 입학이라는 목표에 도달하면 '그 후에는 공부 같은 건 하고 싶지 않다'라는 자세가 수치로 뚜렷하게 나타난 것이다. 마이타는 이렇게 분석한다.

"빼곡한 국정(國定) 커리큘럼, 학생의 흥미와 관심을 무시한 주입식 수업, 시험 지상주의…. 학습이란 '외압에 의해 강제로 하는 공부'라고 생각하지 않을 수 없다. 이런 상태로는 스스로 공부하려는 의욕을 가지고, 성인이 된 후에도 계속 공부하게 되기는 어렵다."

격변하는 시대에 새로운 것을 배우려는 의욕이 낮다는 것은 어떤 결과를 초래할 것인가? 앞으로의 일본이 걱정된다.

초등 4, 5학년에 이미
엘리트가 정해지는 시스템

'근거리 목표 설정형' 인생의 문제점은 공부가 수단이나 도구로

전락한다는 것이다. 공부가 갖는 본래의 의미는 스스로 생각하는 힘을 기르는 데 있다. 바로 미국의 투자가 코슬라와 사이타마시 교육위원회가 내세우는 '비판적 사고'다. 인생은 응용문제의 연속이다. 스스로 생각하는 힘이 갖춰져 있지 않으면 머지않아 벽에 부딪친다.

'근거리 목표 설정형'의 학습은 마치 스마트폰 게임에서 단계를 통과하듯이 눈앞의 목표에 전력투구한다. 게다가 게임의 첫 단계가 점점 저연령화되고 있다. 명문 유치원에 들어가기 위해 학원을 다니게 한다. 두 번째 단계인 초등학교 입시. 그리고 초등학교 4, 5학년에는 중학교 입시를 위해 '유명 입시학원'에 들어가고 그에 걸맞은 성적을 올리는 것이 중요해진다. 성인이 되어 회사나 관공서에 들어간 뒤에도 학원을 함께 다닌 동기라는 이유로 직장에서 결속력을 유지하기도 하고 자신의 프로필에 자랑스레 적을 만큼 의미 있게 다뤄진다.

인생의 정점이 초등 4, 5학년에 있고, 그때 한 공부가 그 후의 인생에 영향을 미치며, 거기서 열심히 한 사람들이 사회의 엘리트가 되어간다. 과연 그런 사회가 국제사회에서 이겨나갈 수 있을까?

나는 미국 회사 세 곳에서 일했는데 어느 대학원(MBA) 출신인지 질문받은 적은 있지만 그 이전의 일에 대해서는 아무도 관심을 기울이지 않았다. 대신 박사학위(Ph.D)를 받았는지는 여러 번 질문받았다(유럽에서는 비즈니스 세계에서도 박사학위가 있는 사람이 많다).

회사에서 중요시되는 것은 그 사람의 인품, 특히 부하를 이끄는

리더십과 얼마나 이익을 올렸는가 하는 실적이다. 회사 동료였던 미국인에게 물어보면 초등 4, 5학년 때는 오로지 놀기만 했다고 하나같이 답한다.

문과대학이
직업훈련학교가 된다?

2014년 10월, 일본 대학의 바람직한 모습에 대해 문부과학성 주최로 회의가 열렸다. 그때 대학을 'G형'과 'L형'으로 나누자는 제안이 나와 곳곳에서 논란을 불러일으켰다.

이 제안에는 전제가 깔려 있다. 일본에는 산업구조가 다른 G세계(글로벌 경제권)와 L세계(로컬 경제권)라는 두 개의 경제권이 존재한다는 것이다. 게다가 G세계의 노동생산성은 세계에서도 정상급이지만 L세계에서는 노동자가 부족하고 생산성도 낮다. 따라서 그것들을 보완하기 위해서 극히 일부의 일류 대학(G형 대학)을 제외하고 그외 나머지 대학(L형 대학)은 직업훈련학교화해야 한다고 주장한다.

제안에 따르면 L형 대학에서 배워야 할 내용으로 문학부·영문학부에서는 '관광업에서 필요한 영어, 지역의 역사적·문화적 명소 설명력' 같은 예를 든다. 공과대학에서도 기계역학, 유체역학 등을 가르치는 것이 아니라 도요타에서 사용되는 최신예 공작 기계 사용법을 가르치면 좋겠다고 제안한다.

그러나 과연 어떨까? 애초에 전제가 되는 대도시 경제권은 글로벌로 이어지는 G세계, 그 외는 로컬 경제권이라는 분류가 성립할까? 또 G세계의 노동생산성은 정말로 세계에서 정상급일까?

구체적인 기업명을 조금 살펴보기만 해도 이 제안의 전제가 흔들린다. 스즈키, 야마하는 하마마쓰, TOTO는 기타큐슈, 오쓰카제약은 기본적으로는 도쿠시마에 있는 회사로, 저마다 지역 경제권에서 확고한 지위를 확립하고 그와 동시에 글로벌로 이어져 있다.

그뿐인가, 자산운용회사 레오스 캐피탈워커스의 후지노 히데토 사장이 상장기업 약 3,500사를 본사 소재지에 따라 두 개의 그룹으로 나누어서 실시한 조사에 따르면 과거 10년 동안의 주가 실적치에서 도쿄 요지(지요다구·중앙구)에 본사를 둔 기업(약 650사)들이 그 외의 기업들보다 주가가 상대적으로 낮았다.[18]

도쿄에 있으면서 일본 전체를 바라보면 분명 도쿄 쪽이 효율적일 거라고 착각하기 쉽다. 그러나 현실은 반드시 그렇지는 않은 것이다.

게다가 아이러니하게도 이 제안이 나온 지 1년도 되지 않아서 제안에서는 L형 대학으로 분류되어 있는 야마나시대학 출신의 오무라 사토시와 사이타마대학 출신의 가지타 다카아키가 연이어 노벨상을 수상했다. 또 2014년 노벨상 수상자인 나카무라 슈지도 지방

대학인 도쿠시마대학 출신이었다.

지방 대학 출신자가 차례로 노벨상을 수상하자 'G형'과 'L형'의 분류 제안은 일시적으로 조용해진 상황이다. 그러나 언제 부활할지 알 수 없다.

사농공상 시대부터 일본은 분류화·카테고리화를 좋아한다. 하지만 국가가 나서서 전국 대학을 G형과 L형으로 구분하는 것이 얼마만큼 의미가 있을까? 기업가 오마에 긴이치도 지적하듯이 "모든 인간의 가능성을 믿고 각자 미래를 향해 걸어갈 용기를 북돋는 것이 교육자의 바른 자세"다.[19] 이를 위해 필요한 것은 대학이 '보다 질 높은 교육'이라는 목표를 향해 전진하는 일이지, 국가가 앞장서서 G형, L형이라는 피라미드형 계층 조직을 만들어내는 일은 분명 아닐 것이다.

현재의 문과 교육으로는
살아남을 수 없다

지금까지 '문과는 위험한가' 하는 관점에서 문과를 둘러싼 다양한 문제를 살펴보았다. 분명 문과에 대한 사회(특히 문부과학성, 경제계)의 시각은 냉혹해지고 있다. 문과 불필요론이 있고 직업훈련학교로 만들자는 과격한 제안도 나와 있다. 한편 문과 출신자에게도 문제가 있는 것 같다. 수학을 못한다는 이유나 시험이 편하다는 이유로 문과에 진학하고, 쉬운 과목 중심으로 선택과목을 고르고, 별로 공부도 하지 않고 사회에 진출해왔다. 분명 이런 문과 출신자가 있을 것이다. 게다가 사회에 나가서도 상사가 지시하는 일만 하고 회사가 깔아놓은 길만 걷는다면….

1970년대, 80년대 일본 사회같이 사회 전체가 지속적으로 성장해가는 시대라면 문제가 없었을 것이다. 하지만 지속 성장을 누릴 수 있었던 세대는 이미 정년퇴직한 단카이 세대까지다.

프랑스의 세균학자 루이 파스퇴르는 **"행운은 준비된 자에게만 미소 짓는다"**라고 했다. 격변하는 시대를 헤쳐 나가기 위해서 미국에서는 비판적 사고의 중요성을 소리 높여 외치고 있다.

도대체 문과생은 앞으로 어떻게 해야 할까?

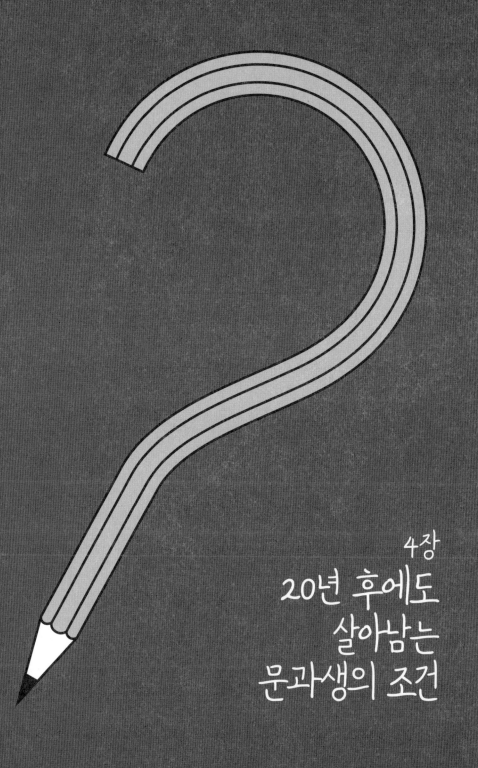

4장
20년 후에도
살아남는
문과생의 조건

현실에 안주하는 순간
위험해진다

내일은 반드시 온다. 그리고 내일은 오늘과는 다르다. 오늘날 가장 힘 있는 기업이라고 해도 미래에 대처하지 않으면 곤경에 빠진다. 개성을 잃고 리더십을 잃는다. (…) 일어나고 있는 일을 이해하지 못하면 미래에 대한 대처는 할 수 없다. 새로운 일에 도전하는 위험을 무릅쓰지 않는다면 결과적으로 다가올 더 큰 위험을 감수해야 한다.

경제계에 가장 큰 영향을 미친 것으로 평가받는 경제학자 피터 드러커의 말이다.[20] 그가 말하듯 **분명히 다가올 미래에 대해 아무런 준비를 하지 않으면 기업이든 개인이든 어려움에 빠지는 것은 틀림없다.**

새로운 일을 시작하는 데는 분명 위험이 따른다. 실패할 가능성도 있다.

예를 들어 당신이 지금 낡은 체질의 기업에서 일한다고 치자. 상사의 기분을 살피면서 쓸데없는 업무에 시간을 뺏기고 제대로 기량을 익힐 환경도 아니다. 직장을 옮기고 싶지만 전직을 한다 해도 위험이 따른다. '혹시라도 전직한 회사가 금방 도산할지도 모른다, 전직하면 지금보다 급여가 내려갈지도 모른다, 전직한 회사에서 인간관계를 잘 맺지 못할지도 모른다, 애초에 전직할 회사를 찾을 수 있을지도 모르겠다….'

한 가지 위험이 떠오르기 시작하면 끝이 없다. 전직하지 않는 이유를 대는 것은 간단하다.

지금 있는 회사는 도산할 것 같지는 않고, 이대로 있는 편이 분명 안정될 테고…. 그러면서 위험을 회피하는 동안 시간이 흐르고 당신은 45세가 될 것이다.

'역시 이 회사에 남아 있길 잘했어. 어떻게든 정년까지 일할 수 있겠지.' 이렇게 생각하던 어느 날 갑자기 회사가 도산한다. 혹은 외국 기업에 매수된다. 또는 심각한 실적 부진에 빠져 대규모 정리해고가 이루어진다. 그러나 당신은 회사 밖에서 통할 만한 기술을 가지고 있지 않다. 그때 비로소 자신이 잘못 판단했음을 깨닫지만 이미 때는 늦었다.

피터 드러커의 말대로 새로운 일에 도전하는 위험을 회피했기 때문에 더 큰 위험을 만난 것이다.

이것은 어디까지나 가정한 이야기다. 하지만 2장에서 서술한 것과 같이 많은 대기업에서 일하는 중장년 사원이 실제 이런 일을 당하고 있다. 샤프, 도시바, 파나소닉…. 도산까지는 가지 않더라도 이들 유명 대기업을 쫓기듯이 떠나간 사람들을 나는 수없이 봤다.

'미래를 위해 위험을 감수한다.' 바로 실행하지 못해도 괜찮다. **우선은 머릿속에서 여러 가지 미래를 그리는 것이 첫걸음이다.**

45세에
은행을 그만둔 이유

"좀 말씀드릴 게 있습니다."

결심하고 직속 상사에게 이야기를 하러 갔다. 그는 등받이가 높은 의자를 앞뒤로 흔들며 대답했다.

"무슨 일인가?"

"괜찮으시다면 장소를 옮겨서 말씀드려도 될까요?"

뭔가 개인적인 일일 거라고 짐작한 듯 그는 바로 별실로 들어가서 나를 불러들이고 문을 닫았다.

"실은 은행을 그만두고 싶습니다."

자리에 앉아 말을 꺼내자 상사의 눈빛이 갑자기 진지해졌다. 표정이 굳어졌다.

"도대체 무슨 소린가?"

이유를 캐묻는 상사 앞에서 내가 생각하는 바를 말했다. 그 후의 일은 별로 기억나지 않는다. 다만 마지막에 이 말을 들은 건 또렷이 기억한다.

"그런 말은 받아들일 수 없네."

다음 날 아침 다시 같은 이야기를 하러 상사에게 가니,

"사표는 맡아두겠네."

그 후 일주일이 넘도록 감감무소식이었다.

내가 흥업은행을 그만둔 것은 1998년 10월. 정확히 45세 생일을 맞이했을 때였다. 벌써 19년도 더 된 일이다. 지금 젊은 사람들에게는 대단치 않은 퇴사일지도 모르지만 당시는 종신고용제가 지금보다도 굳게, 마치 암반처럼 사회에 뿌리 깊게 자리하던 시대였다.

'지금 이대로 일을 계속해도 괜찮을까?' 내가 이런 생각을 하게 된 것은 사실 그보다 10년 정도 전의 일이다. 일본은 버블 경제기의 한가운데 있었고 흥업은행은 부동산과 비은행권에 대한 융자에 집

중하고 있었다.

'이게 내가 하고 싶었던 일인가?'

당시 심사부에서 일하는 동안 회의가 강하게 들었다. 그러나 심사부 재직 중에 노동조합 부위원장에 선출되어버렸다. 조합원 5,000명과 그 가족의 생계가 달린 중책이었다. 개인적인 일을 먼저 생각하는 건 있을 수 없었다.

그 후 영업3부로 이동했는데 이번에는 미나마타병 발병 문제를 일으킨 칫소 회사에 대한 금융 지원을 정리하는 일을 맡게 되었다.

많은 미나마타병 환자들이 인체에 유입된 수은 때문에 감각 장애 등에 빠져 고통 받고 있었다. 환경성 국립 미나마타병 종합연구센터에 제출된 〈미나마타병에 관한 사회과학적 연구회〉 보고서는[21] 이렇게 기술한다.

그때까지 건강에 아무런 이상이 없던 주민들 중에 손발에 경련과 마비가 생기고 시야가 좁아지거나 청력이 급격히 떨어지는 사람들이 생겨났다. (…) 경련을 일으키고 몸을 가누지 못해 누워 있는 사람도 나왔다. 특히 증상이 심한 사람은 의식을 잃거나 손발과 몸을 심하게 흔들며 밤낮으로 울부짖고 벽을 쥐어뜯으며 고통스러워하다가 발병한 지 1개월 만에 사망에 이르렀다.

미나마타병으로 생긴 감각 장애로 고통 받는 사람들을 생각하면 내 입장을 우선할 수 없었다. 흥업은행은 칫소의 주거래 은행이 었다. 정부와 현과 함께 칫소에 대한 금융 지원을 정리하고 칫소가 환자들에게 보상금을 계속 지불할 수 있도록 해야 했다.

환경성과 재무성 담당자들과 밤늦게까지 협의를 거듭했다. 드디어 칫소에 대한 금융 지원이 정리되고 내각회의에서 사안이 결정되기에 이르렀다. 나는 '흥업은행에서 해야 할 일은 다 했다'는 마음이 강하게 들었다.

최종적으로 은행을 퇴사하기로 결정한 건 영업3부에서 기업투자정보부라는 새로운 부서로 이동해서 1년 정도 지나고 나서였다.

솔직하게 말하면 그래도 마지막 순간까지 고민을 계속했다. 이대로 흥업은행에 남아도 내가 하고 싶은 일을 할 수 있지 않을까…. 아니, 아마 그렇지 않을 것이다.

22년간이나 같은 회사에 근무하다가 이제 와서 다른 회사로 옮겨서 잘 해나갈 수 있을까…, 두려움이 엄습했다.

이런저런 생각으로 고민하고 걱정했다. 밤중에 잠이 깨서 다시 잠들지 못하는 날도 많았다.

안정을 우선할 것인가, 보람을 생각할 것인가. 이대로 흥업은행에 있으면 걱정 없이 인생을 보낼 수 있을 것이다. 당시는 아직 흥업은행이 다이이치칸쿄은행과 후지은행과의 통합을 발표하기 1년도 전이었다.

안정되지만 그대로 남는다는 선택지는 스스로에게 정직하지 않

은 삶이라는 생각이 들었다. 나는 단 한 번뿐인 내 인생에 만족할 수 있을지 의문이 들었다.

"자넨 자신의 길을 찾는 게 좋아"

최종적으로 무엇이 내 등을 밀었던 걸까?

전직하면 즐거운 일을 할 수 있을 거라고 생각했다. 미지의 직장이 어떤 곳일지, 궁금증도 일었다. 게다가 나는 솔직히 말해서 안정된 인생에는 흥미가 없었다. **위험 요인은 높을지 모르지만 도전을 좋아했다.**

당시, 고교 시절 친구에게 이런 말을 들은 것도 하나의 계기가 되었다. "너는 학교 다닐 때 사회를 위해 도움이 되고 싶다든가 하면서 근사한 말을 하더니, 결국 은행에서 거품 경기에 편승하여 지금은 사회의 발목을 잡아당기고 있을 뿐이잖아." 친구의 말에 그때까지의 내 인생을 부정당하는 듯한 충격을 받았다.

상사에게 '그만두고 싶다'고 말하기 1개월 전에 있었던 일이다. 런던에 M&A 관련 업무로 출장 갔을 때 우연히 지인의 소개로 니콜라스 로디티를 방문할 기회가 생겼다. 로디티는 조지 소로스를 일약 유명하게 만든 퀀텀펀드 중에서도 가장 높은 운용 실적을 자랑하는 쿼타펀드를 운용하고 있었다.

런던의 고급주택가 햄스테드에서도 유난히 눈에 띄는 하얀색 저택. 로디티는 그곳을 사무실로 사용하고 있었다. 스태프는 나이든 여성 한 명뿐이었다. 이 조용한 공간에서 세계 시장을 움직이는 대담하고 대규모적인 금융 거래가 이뤄지고 있었다.

천장이 높고 넓은 방으로 안내받아 하얀색 소파에 앉아 기다리고 있으니 로디티가 나타났다. 전설적인 헤지펀드 매니저는 아래위를 흰색으로 통일한 복장이었다. 눈은 파랗고 맑았으며 신비하게 사람을 끌어당기는 오라를 발산했다. 처음 만나는 그 사람 앞에서 뜻밖에도 내 개인적인 고민을 털어놓게 됐다. 물론 처음에는 전혀 생각지도 않은 일이었다. 아마도 그의 신비한 오라가 그렇게 만든 건지도 모른다. 그는 내 말을 가만히 듣다가 이 말 한마디를 하고 가볍게 등을 두드려주었다.

"자넨 자신의 길을 찾는 게 좋아, 자네 인생이니까."

그 말을 듣고 나는 하얀색 저택을 나왔다. 그로부터 한 달 뒤에 22년 동안 몸담았던 흥업은행에 사직서를 제출했다.

정식 퇴사 절차를 마치고 은행 빌딩을 나올 때 문득 고독감이 밀려왔다. 오랜 시간 정들었던 이 빌딩에 이제 두 번 다시 들어오는 일은 없을 것이다.

대학 재학 중에 취업이 결정되어 부모님께 이 빌딩을 보여드리려고 찾아왔을 때가 생각났다. 처음에는 흥업은행이라는 이름조차

필자가 근무하고 있을 당시의 흥업은행 빌딩. 2016년 10월에 개축하기 위해 철거가 시작됐다.

모르고 아들이 입사할 회사가 어떤 곳인가 하고 걱정하던 부모님도 '군함빌딩'이라고도 불리는 위풍당당한 빌딩을 보고서야 기뻐하셨다.

이제 이곳에서 오랫동안 같이 일해온 많은 동료들과 얼굴을 마주하는 일도 없겠지. 10월이 끝나고 11월이 시작될 무렵이었다. 그해 여름 교외의 작은 단독주택으로 이사한 직후였다. 상당한 액수의 주택 대출금을 안고 불안한 항해가 시작되었다.

불확실한 미래를
살아가기 위한 '나침반'

세상에 확실한 미래 같은 건 없다. 피터 드러커는 말한다.[22]

내일을 쌓아 올리는 토대가 되는 비전은 불확실할 수밖에 없다. 그 비전이 실현됐을 때 어떤 모습이 될지는 아무도 알 수 없다. 위험이 따른다. 성공할지도 모르지만 실패할 수도 있다. 만약 불확실하지도 않고 위험도 따르지 않는다면 처음부터 미래를 위한 비전으로서 현실적이지 않다. 왜냐하면 미래 그 자체가 불확실하고 위험이 따르는 것이기 때문이다.

미래라는 건 원래 불확실한 것이다. 정답은 없다. 예를 들어 당신이 전직이나 창업을 생각하는데 실패할 요소가 전혀 없다고 하면 그건 드러커가 말하듯이 미래를 향한 선택지로서 틀렸을 가능성이 높다.

생각해보면 우리 주위에 확실한 사실 같은 건 거의 없는지도 모른다. 오늘 있던 것이 내일 갑자기 사라지는 건 드문 일도 아니다.

확실한 게 있다면 지금 살아 있고 언젠가 죽는다는 것 정도다. 그리고 죽음을 맞는 그날까지 미래는 계속된다.

아침에 일어났더니 종신고용이 마지막을 맞고 있는 일 같은 건 비교가 되지 않을 만큼 놀라운 변화가 일어날지도 모른다. 그때 당신은 어떻게 할 것인가? 어떻게 살아갈 것인가?

정답이 없는 불확실한 미래를 살아가기 위해서 먼저 필요한 것은 무엇인가?

당연히 비즈니스 세계에서 살아남기 위한 기술과 지식이 중요하다. 하지만 그것도 시대에 따라 변해간다. 절대적인 것은 없다.

그렇다면 모든 것이 불확실한 세계에서 필요한 것은 무엇일까?

바로 **당신의 '이렇게 하겠다', '이렇게 살아가고 싶다'라는 강한 의지다.** 현실이 어떻게 변화하든 당신이 '이렇게 하겠다'라는 강한 의지가 있으면 그것에 맞춰서 정보를 수집하고 기술을 향상시킬 수 있다.

반대로 말하면 아무리 뛰어난 스킬이 있다고 해도 '이렇게 하겠다'라는 강한 의지가 없으면 타인에게 휘둘려서 흔들리기만 하는 인생이 되기 쉽다.

당신은 지금 왜 일하는가? 왜 학교에 다니는가? 그리고 앞으로 어떤 인생을 걸어가고 싶은가?

미래가 불확실하고 불안하기 때문에 더더욱 강한 의지는 인생의 나침반이 된다. 주변 사람들도 하니까, 가족과 친구가 얘기하니까 같은 이유가 아니라 당신 자신의 생각과 뜻이 어떠한가, 그 답이 명확하면 미래에 길을 잃고 방황하는 일은 없을 것이다.

정답은 아무도 모른다

확실한 미래는 아무도 모른다. 그러나 정답을 모르기 때문에, 아무 생각도 하지 않고 살아도 되는가 하면 그건 옳지 않다.

앞에서 피터 드러커는 "일어나는 일을 이해하지 못하면 미래에 대처할 수 없다"고 말했다.

'미래는 불확실한 것이다'라는 걸 이해하고 나서 미래를 예측하고 행동하지 않으면 안 된다. 그러려면 먼저 '현재'를 분석하는 힘이 필요하다.

미래의 일은 몰라도 '현재' 혹은 '과거'의 일은 안다. 지금 무슨 일이 일어나고 있는 걸까? 그리고 과거부터 현재에 이르는 동안 무엇이 어떻게 변화하고 있는 걸까? 그런 축적된 사실을 분석함으로써 불확실한 미래에 대해 효과적인 행동을 취할 수 있다.

1장에서 언급한 인공지능이 사람들의 일자리를 뺏는 것을 예로 들자면,

① 19세기, 산업혁명이 가져온 기계화로 사람들은 일자리를 뺏기고 사회구조가 변화되었다.
② 20세기, 컴퓨터의 등장으로 많은 것이 자동화되고 보다 많은 직업이 자동화되었다.

③ 현재 새로운 기술 '인공지능'의 진화가 눈부시다.

극히 단순화해서 과거와 현재 시점에서 기술 발달과 고용을 분석하면 아래와 같다. '과거'와 '현재'의 문제를 분석하고 여기에서 도출되는 것은 다음과 같다.

④ 미래에 인공지능이 사람의 일자리를 빼앗을지도 모른다(이미 뺏고 있지만…).

이렇게 **'과거'와 '현재'를 분석함으로써 어느 정도 설득력 있는 미래를 도출할 수 있다.** 분석을 통해 나온 결과를 토대로 지금 해야 할 행동을 조금이라도 계획할 수 있다. 이런 일을 반복하여 분석력을 높여간다.

그러려면 항상 주의를 집중해서 정보를 수집하는 것이 필요하다. 다행히 지금은 인터넷이 있기 때문에 정보에 쉽게 접근할 수 있다. 다만 인터넷에 있는 정보가 모두 옳은 것은 아니다. 인터넷뿐만 아니라 모든 미디어에 해당되는 말이다. **정보 수집력은 물론이거니와 정보의 취사선택력을 높이는 것은 분석하는 힘과 직결된다.** 3장에서 미국의 투자가 비노드 코슬라가 비판적 사고의 중요성을 강조했는데 **정보를 무조건 받아들이는 게 아니라 비판적으로 생각하고 논리적·과학적으로 바른 정보인지 자신의 머리로 생각해보는 것이 중요하다.**

'현재'는 냉정하게,
'미래'는 열정적으로

세계에서 혹은 일본에서 무슨 일이 일어나고 있는지, 어떤 기술이 진화하고 있는지를 분석하고 동시에 현재의 자신을 분석한다. 이때의 '자기 분석'은 구직 활동 때와는 다르다. 자신의 내면과 희망을 분석하는 것이 아니다.

만약 당신이 비즈니스 세계에서 성공하고 싶다면 **현재 자신이 놓여 있는 환경, 자신의 스킬, 실적, 생산성을 객관적인 관점에서 분석해본다.** 그렇게 하면 자연히 자신의 시장가치가 보이고 어떻게 대처해야 할지 알 수 있다.

자신을 분석할 때 단 한 가지 주의할 점이 있다.

앞에서 기술했듯이 미래 시장과 기술의 변화를 분석할 때는 '과거'와 '현재'를 정확히 알아야 어느 정도 정답에 가까운 답안을 도출할 수 있다. 그러나 자기 자신에 대해서는 그렇지 않다.

당신이 과거에 아무런 실적이 없고 현재도 자랑할 만한 스킬이 하나도 없다고 해도 미래의 당신이 어떨지는 전혀 다른 문제다. 왜냐하면 당신 자신의 미래는 의지에 따라 얼마든지 바꾸어갈 수 있기 때문이다.

당신의 '현재'를 분석할 때는 객관적인 관점이 필요하다. 그러나 당신의 '미래'에는 분석이 필요 없다. **당신의 '미래'에 필요한 것은 자신의 강한 의지뿐이다.**

예를 들어 현재 당신은 영어를 전혀 못하고, 과거에도 못했다. 그 사실을 앞의 분석에 적용시켜보면,

① 3년 전 당신은 영어 회화를 전혀 못했다.
② 1년 전에도 당신은 영어 회화를 전혀 못했다.
③ 지금도 영어 회화를 못한다.

앞의 분석 방법대로라면, 다음과 같은 결론이 나온다.

④ 그러므로 앞으로도 영어를 할 수 없다.

그러나 '영어로 말하고 싶다'는 의지가 있다면 현 상황을 분석함으로써 다음에 무엇을 해야 할지 분명히 알 수 있다. '그러므로 앞으로도 영어를 할 수 없다'가 아니라 다음과 같이 바뀐다.

④ 하지만 앞으로 영어로 말하고 싶다.

영어를 못한다고 해도 인사 정도는 할 수 있는지, 간단한 일상 회화 정도는 할 수 있는지, 듣는 건 가능한지, 천천히 말하면 이해하

는지, 읽는 건 할 수 있는지… 등 현 시점에서 자신의 영어 실력을 세세하게 분석해간다.

남은 건 목표를 명확히 하는 것뿐이다. 혼자서 해외여행을 할 수 있을 정도의 영어 실력인지, 해외에서 일할 수 있을 정도의 영어 실력인지, 그 목표에 따라 '지금' 당신이 해야 할 일이 달라진다.

이와 같이 **객관적으로 '현재'의 자신을 확인하면서 미래를 향하여 '어떻게 되고 싶은가'라는 강한 의지를 가지면 당신이 '지금' 무엇을 해야 할지가 보인다.**

변해야 한다

지금 혹은 앞으로 필요해질 스킬이 영원히 유용한 것은 아니다. 지금 도움이 되더라도 앞으로 필요 없어지거나, 20년 후 필요해져도 30년 후에는 완전히 필요 없어질 기술과 지식도 많다.

시장도, 일하는 방식도, 사람들의 생활도, 잇따라 변화하는 시대 속에서 우리에게 필요한 건 '유연성'이다.

사회의 변화에 맞추어 자신도 끊임없이 변화를 계속하지 않으면 안 된다.

가장 강한 자가 살아남는 것이 아니고, 가장 현명한 자가 살아남는
것도 아니다. 유일하게 살아남는 것은 변화할 수 있는 사람이다.

비즈니스 세계에서 자주 인용되는 이 말은 사실 찰스 다윈이
아니라 루이지애나 주립대학의 레온 메긴슨 교수가 한 말이다.[23] 누
구의 말이든 일리가 있다는 건 변함없다.

"나는 문과이기 때문에 기술은 잘 모른다"고 말할 상황이 아니
다. 사회가 변화하고 있다면 자신도 따라서 변화해가는 유연성이 없
으면 순식간에 화석이 돼버린다.

그것은 기업도 마찬가지다. 설령 처음에 시작한 사업이 쇠퇴해
도 '번데기'에서 '나비'가 되는 큰 변신을 이루고 항상 시대의 선두
에 서 있을 수 있다. **기업이 업종과 업태를 바꾸어 크게 변신하는 것
을 '기업변신**(Corporate Transformation)**'이라고 부른다.**

핵심 사업이었던 사진 필름 사업을 대폭 축소하면서 본업을 잃
을 위기에 직면했던 후지필름의 당시 사장이었던 고모리 시게타카
는 구조개혁을 단행한 데 대해 다음과 같이 말했다.[24]

"먼저 무슨 일이 일어나고 있는지 용기를 가지고 직시해야 한다.
나도 사장 취임 당시 점점 줄어드는 사진 필름 관련 숫자를 얼마
나 외면하고 싶었는지 모른다. 그러나 현실은 현실이다. '언젠가
올 것이 왔다'고 결론짓지 않으면 방법이 없다.

그리고 앞으로 어떻게 될지를 생각한다. 그때는 반드시 숫자로 생각하지 않으면 안 된다. 시뮬레이션해본 후 회사가 유지되지 않는다면 우선순위를 정하고 개혁을 단행한다. 결단은 책임을 질 각오로 해야 한다. 안 되면 그만두면 된다는 식으로는 곤란하다. 회사의 운명이 달린 이상 실패는 허락되지 않는다."

결단에는 고통도 따랐다. 2005년도와 2009년도 두 번에 걸쳐 후지필름은 각각 5,000명 규모의 대규모 정리해고를 단행했다.

"물론 하고 싶지는 않았지만 하지 않을 수 없었다. 거대한 고정비용을 안은 채로 도저히 버텨나갈 수 없는 상황이었다. 회사가 도산하면 아무것도 남지 않는다. 당시 7만 명 정도 되던 전 사원이 길거리를 헤매게 되고 후지필름이 세상에 제공해온 가치를 계속 이어갈 수 없게 된다. 회사의 생명도 존엄하기는 마찬가지다. 최종적으로 결단하고 직원에게 그 의도를 정확히 전달하는 것이 리더의 역할이다."

지금부터 216년 전인 1802년에 흑색화약 제조회사로 출발한 미국의 듀퐁도 기업변신의 좋은 사례다. 흑색화약 ⇒ 다이너마이트 ⇒ 화학(나이론·테플론) ⇒ 영양·건강 관련 사업, 바이오 관련 사업으로 사업 내용을 변환시켜왔다.

문과·이과가 구분되어 있어도 고교와 대학에서 고작 6~7년 동안 공부한 내용일 뿐, 대단치 않은 차이에 불과하다. 그것만으로 100년 가까운 당신의 인생이 지배받을 필요는 없다.

내가 아는 한 증권회사 전 사장은 75세부터 텐서플로(Tensor Flow)를 배우기 시작했다. 텐서플로란 구글이 오픈소스화한 인공지능 소프트웨어를 말한다. **나이가 몇이든 새로운 것을 배울 수 있고 자신을 변화시킬 수 있는 것이다.**

'근거리 목표 설정형' 사고의 한계

샤프도 대규모 정리해고를 단행했다. 샤프를 매수한 훙하이는 '40세 이하 사원의 고용은 최대한 보장한다'고 표명했지만 뒤집어 생각하면 속마음은 '40세 이상은 필요 없다'는 것이었는지 모른다.

실제로 40대 이상 되는 많은 직원이 회사를 나갔지만 이과 엔지니어 중에는 니혼덴산 등 다른 회사로부터 입사 제안을 받은 사람도 많았다. 니혼덴산의 나가모리 시게노부 회장 겸 사장은 샤프의 부장급을 이미 100명 이상 채용한 사실을 밝히면서 덧붙여서 "희망자가 있다면 300명 정도 더 채용하고 싶다"고 했다.[25] 샤프에서 일한 경험이 있으면 유용할 거라고 평가한 것이다.

그러나 문과라면 이야기가 달라진다. 유명 대학을 졸업하고 '잘 나가는 샤프'에 입사했지만 40세가 넘으면 완전히 회사 인간으로 물들어버린다. 엔지니어의 기술이나 지식은 다른 직장에서도 쓸 수 있지만 '샤프에서만 통하는 문과 출신'은 다른 회사에서는 크게 소용없다.

추측이지만 샤프의 엔지니어를 고용하려고 한 회사의 입장에서 보면 회계나 인사, 판매관리 분야는 이미 그들이 안고 있는 인원으로 충분할 것이다.

3장에서도 언급했지만 일본에서는 '좋은 중학교·고등학교에 들어간다 ⇒ 좋은 대학에 들어간다 ⇒ 좋은 기업에 입사한다 ⇒ 승진해서 지위가 올라간다' 같은 식으로 늘 '근거리 목표'를 향해 노력하도록 사고가 주입된다. **원래라면 당신이 행복하고, 보다 즐거운 인생을 살아가기 위해 배우거나 일해야 하는데 어느 사이에 '좋은 대학'과 '좋은 기업'에 들어가는 것, 그것이 인생의 목표가 되어버린다.**

요즘 '곤카쓰(婚活, 결혼 활동)'라는 신조어가 등장해 관련 서적까지 나와 있다. 매주 단체 소개팅 모임에 나가는 사람도 있다. 이 곤카쓰에서도 '근거리 목표 설정형' 사고에 사로잡히는 경우가 있다.

'근거리 목표 설정형' 사고에 익숙해진 사람 중에는 '좋은 대학에 들어간다 ⇒ 좋은 기업에 취직한다 ⇒ 고스펙의 이성과 결혼한다'와 같은 목표를 설정하는 사람이 있다. 그러나 결혼은 상대를 향한 내면에 있는 감정의 결과이지 목표가 될 수는 없다.

젊은 벤처기업가 중에도 "장래에는 회사를 상장시키고 싶다"고 하는 사람이 많다. **'상장하는' 것이 목표가 되고 '상장해서 뭘 하고 싶은지'는 정해져 있지 않다.** 근거리 목표 설정으로 끝나버린다.

초등학생 때부터 근거리 목표가 계속 주어지기 때문에 그런 사고방식에 익숙한 것이 당연할지도 모른다. 그러나 이런 근거리 목표의 마지막은 도대체 무엇인지, 가끔은 멈춰 서서 생각해봐야 하지 않을까.

미국 기업가의 목표는 '세상을 바꾸는 것'

구글의 공동 창업자이자 CEO로 활동하는 래리 페이지가 〈TED 2014〉 강의에서 구글이 자율주행에 진출한 이유를 설명했다. 유명한 인터뷰 진행자 찰리 로즈의 질문에 답한 것이다. 페이지는 이렇게 말한다.

"18년 전에 자율주행 자동차를 개발하는 사람들을 알게 되었습니다. 그리고 바로 푹 빠졌죠."

18년 전이라면 인터뷰가 이루어진 2014년부터 거슬러 올라가 계산하면 1996년이다. 페이지가 아직 구글을 창업하기 전의 일이다. 페이지는 계속 말을 이어간다.

"실제로 프로젝트를 시작하기까지 상당한 시간이 걸렸지만 지금은 세상을 더 좋아지게 만들지도 모른다는 가능성에 대단히 흥분하고 있어요. 전 세계에서 매년 2,000만 명이 넘는 사람들이 교통사고를 당하고 있습니다. 지금은 교통사고가 34세 이하 미국인의 사망 원인 1위를 차지하거든요."

진행자 로즈가 "다시 말해 목숨을 구하고 싶은 거군요?" 하고 묻자 페이지는 고개를 끄덕이며 다시 말을 이어나갔다.

"그리고 공간을 잘 활용해서 생활을 풍요롭게 하는 겁니다. 로스앤젤레스의 절반이 주차장이나 도로예요. 전체 면적의 절반이 말이에요."

페이지의 머릿속에 있던 것은 '생명을 구하고 싶다', '공간을 잘 활용해서 생활을 풍요롭게 하고 싶다'는 큰 꿈이었다. **미래를 바라보는 이런 커다란 목표가 미국의 기업가를 움직이고 있다.** 눈앞의 근거리 목표를 하나하나 헤쳐 나갈 뿐 큰 목표도 없이 인생을 걸어왔다면 결코 할 수 없는 일이다.

미국 교육도 '세계를 바꾸고 싶다'는 꿈을 가진 페이지 같은 젊은이의 등을 밀어준다.

몇 년 전의 일인데 스탠퍼드대학 비즈니스스쿨의 거스 셀로나 학장이 일본에 왔을 때 저녁식사를 함께한 적이 있다. 그때 나는 "비즈니스스쿨의 슬로건은 무엇인가요?"라고 질문했다. 그러자 그는 짧게 잘라 말했다.

"한 명이라도 좋으니 세상을 바꿀 사람을 키우고 싶습니다."

한 학기에 학생 400명의 평균을 올리는 것보다 단 한 명의 뛰어난 인재를 배출하는 것을 중시하고 싶다는 것. 그렇게 잘라 말할 수 있는 대범함이 미국 교육에는 있다.

취직만 하면 된다?

항상 '근거리 목표 설정형' 사고를 해온 학생들은 '○○ 회사에 들어가기만 하면' 하고 생각하기 쉽다. 2장에서도 서술했듯이 기업 쪽도 이것저것 논리를 내세우기보다 가르치는 대로 고분고분 따라 하는 젊은이를 선호하고 채용해왔다. '필요한 건 입사 후에 교육할 테니까 어설프게 쓸데없는 지식을 익혀 오지 말라'는 것이 기업의 본심이었다.

그런 조직 속에서 **젊은이들은 '취업'이 아니라 '취사(就社)'를 해 왔다. 어쨌든 그 '회사'에서 잘하는 것만 생각하고 밖에서 통용되는 스킬을 익히지 못해 회사 밖에서는 '쓸모없는 사람'이 많이 생겨났다.**

흥업은행과 다이이치칸교은행과 후지은행이 통합하여 '미즈호은행'이 됐을 때 가장 힘들었던 건 같은 은행업이라도 은행에 따라 사용하는 용어가 완전히 달랐던 점이다. 예를 들면 돈을 빌려주는 것을 어떤 은행에서는 '대출'이라 하고 다른 은행에서는 '대부', 또 다른 은행에서는 '융자'라고 한다.

기업은 자신들의 회사 안에서만 통용되는 말을 사용하고 자신들의 독특한 기업문화를 만들어왔다. 그런 조직에서 교육을 받고 그 회사에서만 통하는 인간관계를 구축하는 데 필사적이었던 사람은 막상 밖에 나가면 통하지 않는다.

나 자신도 흥업은행에서 외국계 투자은행으로 전직하고 제일 힘들었던 건 오랫동안 흥업은행에서 일하면서 몸에 밴 '흥업은행 방식'을 버리는 일이었다. 예를 들면 흥업은행에서는 거래처와 만난 후에는 반드시 '면담기록'을 작성해서 상사나 관계 부서에 보냈다. 그렇게 해두지 않으면 나중에 '나는 듣지 못했다'는 말을 듣는 경우가 생긴다. 무엇보다도 관계자 전원이 자신이 한 면담 내용을 이해하는 것이 일종의 위험 회피 역할을 했다.

그러나 이런 방식은 전직한 곳에서는 통하지 않았다. 담당자 혼자 마지막까지 거래처와의 관계에 모든 책임을 진다. 뭔가 구체적인 것을 의뢰하고 싶을 때 비로소 상사와 관계 부서에 면담 내용을 보고한다(반드시 구체적인 의뢰 내용과 함께). 그렇지 않은 경우, 단순히 막연하게 면담 내용을 알려주는 일은 하지 않는다. 그렇게 발상을 바꾸는 일이 필요했다.

외국계 투자은행에서는 모든 책임은 자신이 진다. '당신에게 분명히 알렸다' 하는 핑계는 통하지 않는다. 철저하게 결과를 중요시하는 세계였다.

'회사를 위해서'보다
'자신을 위해서' 노력한다

일찍이 혼다의 창업자인 혼다 소이치로는 이런 말을 했다.

나는 회사 전 직원에게 언제나 '자신이 행복해지도록 일해라'라고 말합니다. 회사를 위해서가 아니라 자신을 위해서 일하라고 말이죠. 회사는 2차적인 것, 1차적으로는 누구나 자신이 중요합니다. 즉 회사는 직원 한 사람 한 사람이 행복해지기 위한 수단입니다.

특히, 일본인은 회사를 위해서는 열심히 일하지만 나라 전체나 개인의 행복에 대해서는 별로 중요하게 생각하지 않습니다. 개개인이 큰 집단과 회사의 그늘에 숨어버린 채 솔직하게 인간성을 표현하고 진심으로 감동하면서 일하지 않습니다. 직원 모두가 자신의 행복을 추구하며 일한다면 자연히 회사는 성장할 것입니다.[26]

야구해설가이자 평론가인 왕정치도 같은 말을 했다. 다음은 스포츠 저널리스트인 이시타 유타가 쓴 '이치로이즘 재검증'이라는 제목의 기사를 요약한 것이다.[27]

제1회 WBC가 끝난 후 일본 대표팀 감독을 맡은 왕정치에게 이치로가 이렇게 물었다.

"감독님은 현역 시절, 자신을 위해서 경기를 했습니까? 아니면 팀을 위해서 경기를 했습니까?"

그러자 왕정치는 망설이지 않고 대답했다.

"나를 위해서지. 나를 위해 경기하면 팀을 위하는 일이 되는 거야. '팀을 위해서'라는 둥 떠벌리는 녀석들은 변명을 하거든. 감독으로서도 자신을 위해서 뛰는 사람이 결과적으로 팀을 위한다고 생각해. 자신을 위하는 사람이 자신에게 가장 엄격해. 무엇, 무엇을 위해서 한다는 사람은 잘되지 않을 때 핑계를 만들거든."

이 말을 들은 이치로는 자기 생각이 틀리지 않았다고 확신했다.

일찍이 이치로가 시애틀 매리너스에 소속되어 있을 때 모임에서 한 고참 선수가 젊은 선수에게 "힘들수록 팀을 위해 더 힘을 내"라고 연이어 외쳤다. 그러나 평소 한계점에 이를 때까지 스스로를 채찍질하던 이치로는 그 자리에서 이렇게 말했다.

"내게 '더'는 없어요."

더 힘을 낼 수 있을 정도라면 처음부터 힘을 냈어야 한다. 모두가 완벽하게 저마다의 임무를 다하면 팀도 자연히 힘든 상황에서 벗어날 수 있다.

혼다 소이치로도, 왕정치도, 그리고 이치로도 비슷한 말을 다르게 하고 있을 뿐이다. 자신에 대해 최고를 달성한 사람만이 아는 엄격함이 있다. **자신과 제대로 마주한다. 이것이 문과든 이과든 앞으로 당신이 격변하는 시대를 살아가는 데 꼭 필요한 일이다.**

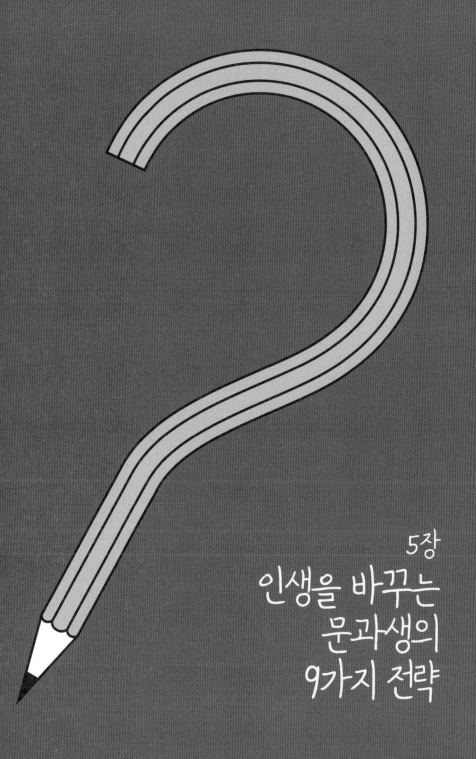

5장
인생을 바꾸는
문과생의
9가지 전략

지금까지의 논의를 정리해보자.

　　인공지능의 발달로 앞으로 문과대학 출신자 대다수가 지금과는 다른 직종에 종사할 가능성이 높다(1장).

　　고령화가 진행되고, 인구가 감소하고, 국내 시장이 축소되는 상황에서 종신고용제는 이제 기업에 족쇄가 되고 있다(2장).

　　사회와 산업의 구조, 고용 상황이 현저하게 변했음에도 불구하고 일본의 문과 교육은 변화를 따라가지 못하고 있다. 학생들은 일찍부터 '문과', '이과'를 선택해야 하며 문과대학에서는 학점을 받기 쉽다는 이유로 수강 과목을 선택하는 학생도 있다. 교수 또한 수업 복사물을 단조롭게 읽어 내리는가 하면 비판적 사고 교육을 경시한다(3장).

　　이상과 같은 분석을 기초로 제4장에서는 문과생이 어떻게 살아남을지를 생각했다. '불확실한 미래에 살아남기 위한 나침반을 가진다', '근거리 목표 설정형 사고에서 탈피한다' 등 다가오는 시대를 살아가기 위한 마음가짐을 주로 다루었다.

이 장에서는 지금 당장이라도 시작할 수 있는 '9개의 전략'을 살펴보기로 한다. 4장이 살아남는 방법의 총론이었다면 본 장은 각론에 해당된다.

당신의 가치를 높여줄
세 가지

지금 다니는 회사에서 승진을 목표로 하든, 전직을 하든, 창업을 하든 도움이 되는 것은 ①**영어** ②**파이낸스** ③**컴퓨터**(프로그래밍) **등 세 가지다.** 이 세 가지를 손에 넣으면 당신의 시장가치는 현격하게 상승한다.

인공지능이 발달하고 번역기와 번역 로봇을 손쉽게 이용할 수 있어도 사람과 사람의 커뮤니케이션보다 나은 것은 없다. 다시 말하면 영어는 필수다.

영어 실력은 '영어를 쓰지 않으면 안 되는 환경'에 있으면 향상된다. 회사에 장기휴가제도가 있다면 한 달이나 두 달, 마음먹고 일본인이 없는 곳에 가서 생활해본다. 어학원에 다녀도 좋고, (현지 법률로 허락된다면) 일을 해도 좋다. 미국만 고집할 필요도 없다. 싱가포르나 필리핀도 좋다.

하지만 대부분은 "그렇게 긴 시간을 낼 수 없다"고 할 것이다. 그런 경우는 '느린 작전'으로 간다. 나는 젊을 때 케네디 대통령의 취임연설을 반복해서 듣다가 나중에는 통째로 암기한 적이 있다. 좋아하는 영화 DVD를 먼저 일본어 자막으로 본 다음 영어 자막, 마지막에는 자막 없이, 이런 순서로 몇 번이고 반복해서 보는 방법도 있다.

니노미야 도모코의 인기 만화 《노다메 칸타빌레》(고단샤)에서 파리로 유학 간 '노다메'를 떠올려보자. 그녀는 프랑스어를 전혀 몰랐다. 그러나 아파트 이웃이자 애니메이션 오타쿠인 프랑크의 방에서 우연히 좋아하는 일본 애니메이션 〈프리고로타〉의 프랑스어 DVD를 발견한다. 그리고 그 DVD를 수없이 보는 동안에 순식간에 프랑스어가 숙달됐다.

만화 이야기지만 무조건 가볍게 여길 일은 아니다. 노다메 정도의 집중력으로 몇 번이고 DVD를 보다 보면 어학은 단기간에 숙달된다. 실제로 이와 비슷한 사람을 여러 명 알고 있다. 고교 시절 AFS로 유학했을 때 일본에서 온 유학생 중에는 나와 달리 유학 전부터 영어를 잘하는 친구가 있었다. 그는 링궈폰이라는 영어 교재 레코드 (당시는 레코드였다)를 "몇 번이고 반복해서 들으며 흉내 내서 말했을 뿐"이라고 했다.

지금은 스카이프를 사용해서 필리핀대학의 학생이나 졸업생과 일대일 대화를 통해 영어 회화 서비스를 제공하는 회사도 있다(레어잡 등). 영어를 저렴하게 효율적으로 습득하는 방법에는 여러 가지가 있으므로 자신에게 맞는 방법을 발견하길 바란다.

두 번째는 파이낸스다. 여기서 말하는 '파이낸스'라는 건 영어에서 말하는 CFO(Chief Financial Officer) 소관 업무에 가깝다. ①자금의 조달, 운용을 의미하는 재무(Treasury), ②회계(부기)뿐만 아니라, ③기업 가치 창조와 주가 결정의 메커니즘 등을 포함하는 폭넓은 개념이다.

회사는 투자자로부터 투자를 받아, 사업을 하고, 이익을 창출하는 곳이다. 그 이익은 최종적으로 투자자에게 환원된다. 이런 전체 흐름을 알고 나면 비로소 재무, 회계 등의 지식이 유기적으로 이어진다.

회사의 사장이면서 파이낸스를 모르는 사람은 한 사람도 없다. 쉬운 책이 나와 있으므로 먼저 기초부터 체계적으로 익혀가기를 바란다.

세 번째, 프로그래밍은 자신이 작성할 수 있으면 제일 좋지만 무리라면 어떤 구조로 움직이는지를 이해하는 것으로도 충분하다. 컴퓨터는 무엇이 뛰어난지(컴퓨터의 우수한 점과), 프로그래밍의 배경에 있는 원리·원칙(컴퓨팅 사고·프로그래밍적 사고)을 익힌다.

나는 정치학(국제정치학과 정치철학)을 전공한 뿌리 깊은 문과지만 스탠퍼드대학에서는 컴퓨터 프로그래밍을 만들어야 했다. **누구라도 한번 해보면 할 수 있다.**

어떻게 프로그래밍을 배울까?

온라인 형식의 프로그래밍 캠프를 이용해도 좋고 합숙하며 배울 수 있는 곳도 있다.

문부과학성은 2020년도부터 초등학교에서 컴퓨터 프로그래밍 교육을 필수화할 방침이다. 자녀가 초등학교에서 배우는 프로그래밍을 부모인 당신이 몰라서는 안 된다. 시중에는 초등학생부터 볼 수 있는 프로그래밍 기초 책이 나와 있으므로 어린 자녀가 있는 독자는 책을 사서 아이와 함께 시작해봐도 좋다.

영어, 파이낸스, 컴퓨터 모두, 나름대로 익히기가 어렵다. 시간을 투자해야 하고 경제적인 비용도 만만치 않다. 그렇기 때문에 **이것들을 익힐 수 있다면 당신의 시장가치는 상승한다.**

초조해할 필요는 없다. 지금부터 2년을 목표로 세 가지 중 하나라도 손에 넣자. 시간적으로 여유가 없는 사람은 3년에 하나 정도도 좋다.

지금 자신에게 가장 필요한 것이 무엇인가를 생각하고 필요도가 높은 순서대로 하나씩 습득해가면 된다.

주변에 휩쓸리지 않고
스스로 생각한다

여기서 농담 하나. 꽤 알려진 농담이므로 들은 적이 있는 사람도 있을 것이다.

어떤 호화 여객선이 항해 중에 침몰하기 시작했다. 선장은 승객들에게 신속하게 배에서 탈출해 바다에 뛰어들라고 지시해야 했다.

선장은 각국의 외국인 승객에게 이렇게 말했다.

미국인에게는 "뛰어들면 당신은 영웅이에요."

영국인에게는 "뛰어들면 당신은 신사예요."

독일인에게는 "뛰어드는 것이 이 배의 규칙이에요."

이탈리아 사람에게는 "뛰어들면 여성에게 인기가 있어요."

프랑스인에게는 "뛰어들지 마세요."

일본인에게는 "다들 뛰어들고 있어요."

이런 우스갯소리가 생길 정도로 일본인이 주위에 맞춰 행동한다는 건 세계적으로 유명하다. 일본인이라면 이를 비판적으로 인식해야 한다.

일본에서는 유치원 때부터 모두 함께 그림을 그리거나 노래를 부르게 한다. 초등학교에서는 '친구들과 조금 다르다'는 이유만으로 아이가 괴롭힘을 당하기도 한다. 일본 사회의 집단주의는 어릴 때부터 확고한 신념인지도 모른다(그렇다면 여기서 벗어나는 것은 상당히 어렵다).

여기서 퀴즈 하나.

♠ 다음 인물에 공통되는 것은 무엇인지 답하시오.

① 피터 드러커(경영학자)

② 안네 프랑크(《안네의 일기》의 저자)

③ 조지 클루니(아카데미 상 수상 배우)

④ 제프 베조스(아마존 창업자)

⑤ 래리 페이지(구글의 공동 창업자)

⑥ 세르게이 브린(구글의 공동 창업자)

답은 전원 유대인일까? 그렇지 않다. 가령 조지 클루니는 유대인이 아니다. 그의 선조는 아일랜드계, 독일계, 잉글랜드계로, 그는 엄격한 로마 가톨릭에서 성장했다. 정답은 모두가 유소년기에 몬테소리 교육을 받은 것이다.

몬테소리 교육이란 이탈리아의 마리아 몬테소리가 고안한 교육법이다. 마리아 몬테소리는 1870년생으로 여성으로서는 처음으로 이탈리아에서 의학박사 자격을 취득했다. 로마대학 부속병원 정신과에서 일할 때 지적 장애가 있는 아동이 바닥에 떨어진 빵 부스러기에 열중해서 놀고 있는 모습을 보게 된다. 이것을 보고 그녀는 '감각의 자극을 통해 틀림없이 지능이 향상된다'고 확신하고 장애아동 치료 교육에 전념한다.

그 후 그녀는 스스로 개발한 감각교육법을 로마의 빈곤 가정 아이들에게도 시험하기 시작한다. 그리고 마침내 몬테소리는 의사를 그만두고 로마대학에 재입학하여 교육자의 길을 걸으며 후에 '몬테소리 교육'이라 불리는 독자적인 유아교육법을 확립하였다.

몬테소리 교육은 아이들에게 내재된 자발성을 중시하고 획일적인 교육을 하지 않는 것이 특징이다. 일본의 유치원에서는 다 같이 그림을 그리거나 노래를 부르게 하지만 몬테소리 교육은 이와 다르다.

세계적인 유명인사들이 유소년기에 몬테소리 교육을 받은 것으로 알려져 있다. 퀴즈에 나온 여섯 명은 그 한 예다.

그중에서도 안네 프랑크는 특히 유명하며 네덜란드 암스테르담에 있는 'The 6th Montessori School Anne Frank'는 실제로 그녀가 다니던 학교로, 전쟁이 끝난 후 그녀의 이름이 붙었다. 현재도 3,000명의 학생이 다니고 있다.

덧붙여서 자녀에게 몬테소리 교육(일본에서도 하고 있다)을 받게 하고 싶은 독자는 'Montessori'라고 영어로 검색해보기를 바란다. 구글 창업자인 래리 페이지와 세르게이 브린이 그들이 받은 몬테소

몬테소리의 초상이 디자인되어 있는
이탈리아의 1,000리라 지폐.
이탈리아 통화가 유로화로 바뀌기 전에 유통됐다.

리 교육에 관한 인터뷰에 답하는 동영상과 실제 유아교육 현장의 동
영상이 나온다.

몬테소리 교육을 받는 사람은 미국에서도 소수일 것이다. 미국
의 보통 아이들은 어떨까?

내 주위를 둘러보면 미국 부모들은 어린 자녀를 교육할 때 아
이의 독자성을 존중하고 남과 같이 행동하라고 요구하지 않는다.

친구 데이비드는 딸이 유치원에 입학할 때 일부러 한 단계 아
랫반에 넣었다. 몸집이 작은 딸이 반 아이들을 따라가지 못하는 상
태에서 배우게 하는 건 가엾다는 배려였다.

이와 같이 미국에서는 학년을 늦추는 것도, 월반을 시키는 것도
비교적 자주 볼 수 있는 광경이다. 덧붙여서 그의 딸은 성인이 된 지
금, 구글의 간부로 온 세계를 누비고 있다.

한편, 일본에서는 데이비드처럼 생각하는 경우는 드물다. 남과 다른 행동을 하면 따돌림을 당하는 원인이 될 수 있다. 일본 사회에서는 가능한 한 주위와 맞추는 것이 좋다는 '분위기'가 직장이나 학교, 혹은 지역사회를 지배한다.

이 같은 집단주의 문화는 저임금, 대량생산의 산업자본주의가 왕성했던 시대에는 품질이 높은 균일한 제품을 만들기 위해서 필요했는지도 모른다. 그러나 지금은 일본에서도 이노베이션이 중요한 시대다. **이노베이션은 타인과 다른 독창적인 것을 시도하는 데서부터 비롯된다.** 항상 주위의 시선을 의식하며 동조하려는 것과는 정반대다. 안타깝게도 집단주의는 주위와 다른 뛰어난 인재를 억누른다. "모난 돌이 정 맞는다"는 것이다. 이는 자신뿐만 아니라 타인에게도 부정적인 영향을 미친다.

물론 그렇다고 해서 협조성과 팀플레이가 중요하지 않다는 건 아니다. 어느 정도 분위기를 읽는 것은 필요하다. 중요한 건 **'생각도 하지 않고 주위를 따라 행동하지 말라'**는 것이다. 무작정 주위와 같은 행동을 취할 것이 아니라 **'스스로 생각하는'** 것이 중요하고 나와 남이 다르다는 것을 인정하는 **'관용'**이 필요하다.

보이지 않는 사회적 압력이 있지만 남과 다른 것을 두려워하지 말라는 말을 꼭 하고 싶다. 남과 다른 것을 두려워하면 적절한 판단을 내리지 못한다. 예를 들면 속마음은 이직하고 싶은데 주위의 시선 때문에 못 할 수도 있다.

적어도 사회적 시선이나 주위와 맞춰야 한다는 강박관념 때문에 자신의 뜻을 굽히지는 말자. 지인이 들려준 이야기인데, 인사이동으로 새로 온 부장이 전임 부장과는 달리 아침 8시에 출근한다. 이 회사의 근무시간은 9시부터 5시까지인데 새로 온 부장에 맞춰서 과장 네 명 전원이 아침 8시에 출근하게 되었다. 그러자 부서의 젊은 사원도 거의 전원 아침 8시에 나오게 되었다고 한다.

그러나 이 부서는 저녁 6시 이후에 거래처에서 전화가 오면 바로 대응을 해야 할 때가 잦다. 부장이나 과장은 퇴근시간인 5시는 아니더라도 6~7시가 되면 퇴근할 수 있지만 거래처에 대응해야 하는 젊은 사원은 그렇게 하지도 못한다. 결국 사원들의 합계 근무시간이 필요 이상으로 늘어나버렸다.

비판적 사고력을 기른다

3장에서 미국의 투자가 비노드 코슬라는 리버럴 아츠 전공자에게 보이는 결함으로 ① 잘못된 논의, ② 근거가 없는 결론, ③ 단순한 이야기를 사실에 기초한 단정으로 혼동하는 일, ④ 인터뷰에서한 인용을 사실로 오인하는 일, ⑤ 통계의 오용 등을 들며 비판적 사고를 익혀야 할 중요성을 역설했다.

비판적 사고에 대해 구체적인 예를 들어 설명해보겠다.

앞에서 몬테소리 교육에 대해 언급했는데 비판적 사고가 형성되어 있지 않으면 '몬테소리 교육을 받은 사람 ⇒ 성공한 사람이 많다 ⇒ 그렇다면 내 아이도 몬테소리 교육을 하는 학교에 보내자'라는 식으로 사고를 한다.

그러나 성공한 사람의 부모 중 자녀에게 몬테소리 교육을 받게 한 사람은 원래부터 교육에 열성적인지도 모른다. 더욱이 몬테소리 교육이 다른 교육보다 교육비가 많이 든다고 하면 그런 부모들은 부유층일 가능성도 있다.

그러면,

(A) 몬테소리 교육을 받은 사람 ⇒ 성공한 사람이 많다

라는 도식보다도 사실은,

(B) 교육에 열정적인 부모 ⇒ 자녀가 성공하는 경우가 많다, 혹은

(C) 부모가 부유층 ⇒ 자녀가 성공하는 경우가 많다, 또는

(D) 머리가 좋은 부모 ⇒ 자녀가 성공하는 경우가 많다

라는 도식이 나올지도 모른다.

(E) 혹은, 이 모두가 틀린 건지도 모른다.

사실이 검증되지 않았기 때문에 (A)~(E) 중, 어느 도식이 옳은지 알 수 없다.

비판적 사고란 쓰여 있는 것, 들은 것을 그대로 받아들이거나 절대로 추측하지 않고 자신의 머리로 다시 생각해보는 것을 말한다. 그리고 이런 사고는 앞으로 변화무쌍한 시대를 살아가는 데 대단히 중요하다.

통계·확률에 근거하여
합리적으로 생각한다

4장에서 후지필름의 고모리 시게타카 회장은 본업(사진 필름) 상실의 위기에 직면해서 "먼저 무슨 일이 일어나고 있는지 용기를 가지고 직시해야 한다. (…) 그리고 앞으로 어떻게 될지를 생각한다. 그때는 반드시 숫자로 생각하지 않으면 안 된다"고 말했다. 고모리 회장은 경제학부 출신의 문과생이다. **문과라도 올바로 경영을 판단하기 위해서는 장래의 상황을 숫자로 시뮬레이션하는 것이 필요하다.**

투자의 세계에서도 숫자로 생각하는 것, 그리고 매사를 확률론적으로 생각하는 것이 필수다. 예를 들면 2016년 6월, 영국은 국민투표로 EU 탈퇴를 결정했다. 이 결과 주식 시세는 하락하고 파운드도 하락했다. 나는 당시 국민투표 일주일 정도 전까지 출장으로 유럽에 머물고 있었다. 거래처나 매스컴으로부터 EU 탈퇴 가능성에 대해 질문을 받았지만 "확률은 50퍼센트, 어느 쪽으로 기울어질지 모른다"고 대답했다(2016년 6월 23일 자 필자의 블로그 참조). 일본 매스컴은 대부분 '아마도 EU를 탈퇴하지는 않을 것이다'라고 보도했지만 매스컴 보도를 그대로 받아들여서 확률 평가를 그르치면 투자자는 바로 손실을 입는다.

더욱이 이 사례에는 핵심이 또 하나 있다. 만약(나처럼) 영국이 EU를 탈퇴할 가능성이 50퍼센트라고 평가했다면 **투자자로서는 어느 한쪽의 가능성에 모험을 걸지 않는다.** 이런 내용은 2016년 7월 1일 자 블로그에 썼는데 조금만 발췌해보겠다.

주사위를 흔들어서 홀수가 나올지 짝수가 나올지 확률은 50퍼센트입니다. 유능한 투자자는 50퍼센트의 확률에는 걸지 않습니다. 다른 사람에게 보이지 않는 것을 볼 수 있고, 확률이 60퍼센트라고 생각한다면 이야기는 달라지지만 50퍼센트에 투자하는 것은 도박입니다. (…) 이런 상황에서 어느 한쪽에 거는 유능한 투자자는 없습니다.

안타깝게도 많은 사람들이 '통계·확률에 근거하여 합리적으로 생각하는' 일을 하지 않는다.

매년 12월이 되면 니시긴자에는 연말 점보복권을 사려는 사람들의 행렬이 길다. 2016년 말에 우연히 니시긴자의 복권판매점 앞을 지나가는데 긴 행렬 뒤에는 '여기서부터 네 시간 반 정도면 살 수 있습니다'라는 안내 간판이 세워져 있었다.

무려 '복권 구입 대행업자'도 출현하고 '당신을 대신해서 니시긴자 찬스센터에서 복권을 구입해 드립니다'라고 광고를 한다(당연히 수수료를 받는다).

분명 니시긴자 찬스센터에서 복권을 산 사람 중에 1등에 당첨된 사람 수는 많다. 이건 사실이다. 하지만 그것은 이 판매점에서 구입한 사람이 그만큼 많기 때문이다.

확률적으로 생각하면 어느 판매점에서 사든 복권 당첨의 확률은 같다. 통계·확률을 의식하고 합리적으로 생각할 수 있는 사람은 추운 겨울에 네 시간 반이나 기다리는 일은 하지 않는다.

디시전 트리로
현명하게 판단한다

스탠퍼드대학 비즈니스스쿨에서 첫 학기에 이수해야 하는 필수과목 중에 '디시전 사이언스(Decision Science)'가 있다. **확률에 근거해 합리적으로 판단하는 것은 경영하는 과정에서 '기본 중의 기본'**이기 때문에 학생들은 첫 학기에 이 과목으로 기초를 배운다.

특히 이 과목에서 배운 '디시전 트리(decision tree, 전략·방법 등을 나뭇가지 모양으로 그린 것)'는 효과적이어서 내 인생에서 중요한 판단을 할 때 실제로 '디시전 트리'를 그려서 의사결정을 하는 데 참고해왔다.

도움이 되는 방법이므로 문과 독자 여러분 중에 생소하다면 이 책에서 확실하게 익혀서 실제로 사용해보길 바란다. '기대치'를 계산하는 것으로 고교에서 배우므로(입시학원에서는 중학생도 배운다) 접해본 적이 있을지도 모른다.

또 '디시전 트리'는 '결정목(決定木)'이라고도 하며 지금은 인공지능이나 데이터 마이닝(data mining, 많은 데이터 가운데 숨겨져 있는 유용한 상관관계를 발견하여 미래에 실행 가능한 정보를 추출해내고 의사 결정에 이용하는 과정) 분야에서도 사용된다.

골프 경기를 예로 설명하겠다. 설명이 자세한 것은 골프를 치지 않는 사람도 이해할 수 있기 위함이므로 이해를 부탁한다.

골프는 홀에 공을 넣는 게임인데 타수가 적은 사람이 이긴다. 파 4(4타로 홀에 넣으면 표준)의 홀에서 당신은 첫 샷을 숲속으로 쳤다. 이후 두 가지 방법이 있다.

A안은 숲에서 일단 페어웨이(코스의 가운데)로 쳐내서(이것이 2타째가 된다), 안전하게 3온(3타째에 그린으로 올린다)을 노린다.

B안은 숲 사이를 빠져나와 2타째에 그린에 올리는 것을 노리는 경우다. 실패하면 숲속 나무에 부딪쳐서 결과적으로 타수가 많아진다. 위험도가 높은 방법이다.

그러면 어느 쪽 안을 선택할까? 더욱이 A안, B안 둘 다 공이 그린에 올라온 후에는 20퍼센트의 확률로 1퍼트(1타)로 들어가고 나머지 80퍼센트의 확률로 2퍼트로 들어간다고 치자. 또 A안에서 3온(3타째에 그린에 올린다)의 확률은 100퍼센트, B안에서는 숲을 잘 빠져나와 2타째에 그린에 올라오는 확률이 20퍼센트, 숲에서 빠져나오지 못해서 2타째, 3타째를 실패하고 4타째에 그린에 올라오는 확률이 80퍼센트라고 하자.

A안과 B안을 제대로 구분할 수 있으면 간단히 풀 수 있다. 이 문제를 푸는 데 효과적인 방법이 도표 10과 같은 디시전 트리다. 예제처럼 간단한 문제라면 디시전 트리를 그릴 필요가 없을지도 모르지만 복잡할수록 디시전 트리가 위력을 발휘한다.

그러면 A안, B안, 각각의 경우에 대한 기대치를 산출해보자. 이

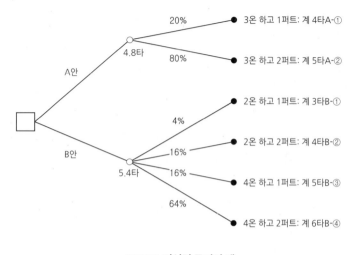

20% ● 3온 하고 1퍼트: 계 4타A-①

4.8타

80% ● 3온 하고 2퍼트: 계 5타A-②

A안

4% ● 2온 하고 1퍼트: 계 3타B-①

16% ● 2온 하고 2퍼트: 계 4타B-②

B안

5.4타

16% ● 4온 하고 1퍼트: 계 5타B-③

64% ● 4온 하고 2퍼트: 계 6타B-④

<도표 10> 디시전 트리의 예

때 기대치는 타수이기 때문에 골프의 경우, 기대치가 적은 쪽의 안
을 선택하면 된다.

> **A안-** ① 2타째에서 페어웨이로 보내고 그 후 1타로 그린으로 올린
> 다(3온). 퍼트 1회로 홀에 들어간다(합계 4타). 이 확률은
> 100%×20%=20%
>
> **A안-** ② 2타째에서 페어웨이로 보내고 그 후 1타로 그린으로 올린
> 다(3온) 퍼트 2회로 홀에 들어간다(합계 5타). 이 확률은
> 100%×80%=80%
>
> **B안-** ① 숲 사이를 잘 빠져나와 2타째에 그린으로 올리고 퍼트 1회로
> 홀에 들어간다(합계 3타). 이 확률은 20%×20%=4%

B안-② 숲 사이를 잘 빠져나와 2타째에 그린으로 올리고 퍼트 2회로 홀에 들어간다(합계 4타). 이 확률은 20%×80%=16%

B안-③ 숲 사이를 빠져나오는 데 실패해서 4타째에 그린으로 올린다. 그 후 퍼트 1회로 홀에 들어간다(합계 5타). 이 확률은 80%×20%=16%

B안-④ 숲 사이를 빠져나오는 데 실패해서 4타째에 그린으로 올린다. 그 후 퍼트 2회로 홀에 들어간다(합계 6타). 이 확률은 80%×80%=64%

이를 기초로 A안과 B안의 기대치를 산출한다.

A안 4타×20% + 5타×80%=4.8타
B안 3타×4% + 4타×16% + 5타×16% + 6타×64%=5.4타

즉 A안을 선택하는 편이 기대되는 타수는 적어지고 경기를 유리하게 전개할 수 있다.

'디시전 트리'에 익숙해지면 예를 들어 이직하는 쪽이 좋을지 (이직하는 경우와 하지 않는 경우의 기대치 비교)와 A사, B사, C사 중 어느 주식에 투자해야 하는지 등 다양한 경우에 응용할 수 있다.

토론으로
논리적 사고력을 기른다

토론을 통해 논리적으로 사고하고 상대를 설득하는 힘이 길러진다. 제35대 미국 대통령 존 F. 케네디가 자란 가정에서는 식사 때마다 부모가 특정 화제를 주고 논쟁하게 했다.[28] 케네디 대통령도, 동생로버트 케네디도, 어릴 때부터 토론으로 단련되어 있었던 것이다. 케네디 대통령의 조카 마리아 슈라이버도 이런 케네디가(家)의 전통을 이어받았다. 그녀는 아놀드 슈왈제네거와 결혼했는데(후에 이혼) 저녁식사 때 아이들에게 토론을 하게 해서 논리적 사고력을 단련시켰다고 한다.[29]

내가 고교 시절 미국에서 유학할 때 1년간 지냈던 알폴드가에서도 저녁식사 때는 부부와 아이들이 끊임없이 토론했다. 남편은 하버드대학 비즈니스스쿨 출신으로 하워드 휴즈가 설립한 휴즈 에어크래프트 사의 회계 부문 책임자로 일하고 있었다. 부인은 리버럴아츠 칼리지의 명문 스미스대학 대학원에서 사회복지학을 전공했다. 부부는 사이가 좋았지만 남편은 공화당이고 부인은 민주당으로 정치적 신념은 정반대였다. 그런 두 사람이므로 거의 언제나 논쟁거리가 있었고, 저녁식사 때는 자녀들과 나까지 끌어들여서 토론대회가 벌어졌다.

일본인은 때때로 논쟁하는 법을 모른다. 그래서 논쟁을 계속하다 보면 때로는 싸움으로 변질된다. 감정적으로 흐르지 않고 논리적으로 상대를 설득해가는 데는 몇 개의 룰이나 사고의 틀이 있다. 그 중 하나만 소개하겠다.

A와 B가 언쟁을 벌이고 있을 때 이런 대화가 들릴 때가 있다.

A "그렇더라도 너는 이런 나쁜 행동을 했잖아."
B "무슨 소리야. 너도 얼마 전에 이런 나쁜 행동을 했잖아."

이것은 즉 A와 B가 서로 잘못한 점을 비판하고 언쟁에서 이기려는 대화다. 건설적인 논쟁이 아니다. 이런 식으로 논쟁이 흘러가면 토론에 뛰어난 사람은 어떤 한마디를 던져서 감정적인 논쟁을 끝낸다. 그 한마디는 다음과 같다.

"Two wrongs don't make a right."

직역하면 두 개의 잘못은 '바른 것'을 만들지 않는다. 악을 악으로 갚으면 안 된다, 혹은 타인이 나쁜 행동을 한다고 해서 자신도 똑같이 해서는 좋을 게 없다, 라는 의미다.

토론은 찬반이 나뉘는 주제에 대해 근거를 들어 자기의 주장을 논거적으로 펼치는 말하기다. 토론을 통해 상대를 설득하는 법을 배우지만, 일본에 있으면 그런 기회가 별로 없다. 만약 토론할 기회가 없다면 역대 미국 대통령 선거 텔레비전 토론회 등을 들어보면 도움이 된다(최근에는 인터넷에 영어나 일본어 자막이 있는 것도 있다). 그것만으로도 상당히 달라진다.

속독할 책,
정독할 책을 선택한다

독서로 문과의 약점은 상당히 보완된다. 미국의 투자가로 개인 자산이 8조 엔 이상이고 세계 2위의[30] 부호가 된 워렌 버핏은 이런 말을 했다.

> "나는 투자가로서 인생을 걸기 시작했을 때 하루에 600페이지, 때로는 750페이지, 1,000페이지 되는 책과 서류를 읽었다. 85세인 지금도 하루 중 80퍼센트는 책과 서류를 읽는 일에 쓰고 있다."

빌 게이츠도 어릴 때부터 책 읽는 것을 좋아했고 텔레비전을 보지 않았다. "텔레비전을 보는 데 쓸 시간이 없다"는 게 그 이유다. 지금도 하루에 평균 독서 시간은 한 시간 이상, 주말에는 더 많이 읽는다고 한다. 홍콩의 대부호 리자청(李嘉誠)은 중학교를 졸업했지만 대단한 독서가로 알려져 있다.

독서하는 방법은 사람마다 다르다.

내 독서법을 소개하면 나는 책에 따라 세 가지로 구분해서 읽는다. 첫째는 한 시간 정도로 대충 속독하는 책. 이건 구입하기는 했지만 기대 이하로 끝난 책을 읽을 때 쓰는 방법이다. 읽지 않는 것보다는 좋았다 하는 정도이며 나에게 피가 되고 살이 되는 내용은 아니다.

두 번째는 어쨌든 한 번은 꼼꼼하게 읽는 책. 일이 바빠서 그런 것도 있지만 대개 하루에서 일주일 정도 걸려서 읽는다.

세 번째는 여러 번 읽어서 내게 피가 되고 살이 되는 책으로, 이런 책은 1년에 한 권을 만날까 말까 한 정도다. 최근에는 마이클 루이스의 《빅 숏》을 몇 번이나 읽었다. 덧붙이면 이 책은 〈머니 쇼트〉라는 제목의 영화로도 만들어졌는데 영화는 영화관에서 두 번, DVD도 이미 여러 번 봤다.

이 책에 등장하는 의사 마이클 발리는 전형적인 아스퍼거증후군을 앓고 있다. 그런 사람이 금융 시장에 있을 때 나는 도대체 어떻게 대처할 수 있을까? 특히 이런 점에 흥미를 가지고 있지만 그뿐만이 아니다. 책을 정독하고 DVD를 여러 번 보면서 나도 같은 장면에서 같은 일을 유사 체험할 수 있게 된다. 그리고 그런 유사 체험은 투자가로서 언젠가 분명 도움이 될 거라는 확신이 있으므로 좋은 책은 여러 번 반복해서 정독한다.

사람에 따라 어떤 책을 정독할지는 당연히 다르겠지만 '이거다' 싶은 책이 있으면 자신의 피와 살이 될 때까지 꼼꼼하게 읽기를 추천한다.

'문과·이과'의 틀을
뛰어넘는다

3장에서 봤듯이 유럽과 미국에서는 원래 '문과·이과'라는 틀이 없다. 교양과목은 중세 이후 유럽에서 가르치던 자유7과에 기원을 두고 있으며 이들 자유7과에는 문법과 함께 산술, 기하학 등이 포함되어 있다.

유감스럽게도 우리는 '문과·이과'로 분류하고, 그걸 당연시 여기는 사람이 많다. 그 결과 **스스로 '이건 불가능해'라며 마음대로 선을 그어 안타깝다.** 그렇게 함으로써 실제로 할 수 있는 일도 못하게 되어버린다.

경영의 신으로 추앙받는 마쓰시타 고노스케나 혼다자동차 설립자 혼다 소이치로 같은 성공한 기업가 중 다수는 대학에 가본 적도 없기 때문에 처음부터 '문과·이과'를 의식하지 않았다. 애플을 창시한 스티브 잡스도 대학을 중퇴했으며 대학에서는 캘리그래피를 배웠다.

우리 회사 거래처 대표 중에도 고등학교를 졸업한 후 바로 사회로 뛰어들어 성공을 거둔 사람이 여럿 있다.

태국의 거대재벌 사하그룹의 창업자 티암 초콰타나에게는 6남 2녀의 자녀가 있었다. 자녀들에게는 각각 유럽과 미국, 호주에 있는 대학에서 교육받게 했지만 단 한 명, 삼남만은 고교 졸업 후 대학에 진학시키지 않고 일본으로 보냈다. 오사카 센바에 있는 섬유 도매상에서 견습 점원으로 일을 배우게 한 것이다. 그리고 6년간 태국으로 돌아오는 걸 허락하지 않고 일본에서 생활하게 했다.

결국 창업자 티암이 자신을 잇는 그룹총수로 선택한 이가 삼남이었다. 거대재벌 그룹의 후계자가 되어 그룹 산하의 기업을 통솔하고 결속력을 유지하며 사업을 추진해가는 데는 대학에 가고 안 가고는 관계없다. 문과, 이과는 말할 것도 없다.

좀 더 가까운 사례를 몇 개 들어보면 '노부나가의 야망' 같은 역사 시뮬레이션게임을 만든 시부사와 고는 경제학부 출신이다. 스마트폰용 프리마켓 '메르카리'를 창업한 야마다 신타로는 교육학부 출신으로 미국에 건너가 처음에는 음식점을 창업하려고 했다. 패션 통신판매 사이트 'ZOZOTOWN'을 운영하는 스타트투데이 창업자 마에자와 유사쿠는 고등학교를 졸업한 후 음악 활동을 하고 있었다.

만약 당신이 '나는 문과니까' 하고 무의식중에 마음대로 '틀'을 만들어버렸다면 먼저 그것부터 깨는 것이 중요하다.

자신의 한계보다
'조금만 더' 노력한다

지금까지 '익혀두어야 할 일'에 대해 여러 제안을 했는데 매일 바쁘게 일하는 현대인들은 사실 여유가 없을지도 모른다.

그래서 마지막으로 프로야구 선수 스즈키 이치로가 한 말을 소개하고 싶다.

2016년 12월, 이치로가 고향인 아이치현 도요야마초 아이들 앞에서 야구를 잘하기 위한 마음가짐에 대해 이야기했다.

"다른 사람의 두 배나 세 배, 열심히 하는 건 불가능해요. 그러므로 자신의 한계보다 조금만 더 노력한다, 하는 마음으로 계속하길 바랍니다. 나도 미국에서 3,000개나 칠 수 있을 거라고 상상하지 못했어요. 하지만 그런 노력을 계속하다 보니 현재에 이르렀다고 생각합니다. 이 말을 여러분에게 꼭 하고 싶군요."

나도 마음속으로 '조금만 더' 열심히 계속하는 일이 단 하나 있다. 바로 새해 첫날에도 일하는(혹은 공부하는) 것이다. 최근 10년 동안은 출판사로부터 의뢰를 받아서 매년 새해 첫날에도 책을 쓰고 있다 (지금 쓰는 이 책도 설날에 쓰고 있다).

사실 여기에는 이유가 있다.

학생 시절에 포도막염으로 실명할 뻔했다. 결막염이라는 의사의 오진이 네 번이나 계속되어 다섯 번째로 대학병원을 찾았을 때는 눈도 보이지 않고 고열로 의식도 희미해지고 있었다. 입원한 날 밤에는 꿈에서 기분 나쁜 곤충과 짐승 같은 것이 수없이 나와서 나를 어둠의 세계로 끌어들이려고 했다. 어쩌면 나는 그때 죽음의 수렁까지 끌려갈 뻔했는지도 모른다.

그런 나를 진심으로 보살펴주면서 스테로이드 안구 주사를 놔주고 치료해준 분이 H조교수(당시)였다. 그해의 마지막 밤에도, 새해 첫날 아침에도 변함없이 치료해주었다.

"설날인데 죄송해요"라고 내가 말하자, "그런 건 상관없단다"라고 하셨다.

그때 이후 나는 나를 구해준 H선생님을 생각하면서 한 해의 마지막 날이든 설날이든 관계없이 일을 하거나 공부를 하게 되었다.

이치로가 말하는 '조금만 더 노력하는' 것에는 사람마다 자신만의 방법이 있으리라 생각한다. 매주 일요일 밤은 자신을 위한 공부 시간으로 활용한다는 사람도 있다.

무엇보다 오래 계속해나가는 것이 중요하다.

스즈키 아쓰시

학교운영기구(주) 대표이사, 분리카이세이고교(文理開成高校) 이사장 겸 교장

1990년 도쿄대학 경제학부 졸업 후 일본 흥업은행에 입사, 본점 영업 제3부에서 대형 석유화학 회사에 대한 융자 등 영업에 종사했다. 1995년 미국 듀크대학 경영대학원에서 MBA를 취득했다. 2000년 선스타 주식회사의 경영기획실 부장으로, 해외사업 전략 입안과 집행을 담당했다. 2003년 사이버 레이저 주식회사의 경영에 참여했다. 2006년 주식회사 패스트 리테일링의 사업개발부 담당부장으로서 해외 M&A 전략실행팀의 중책을 담당한다. 2007년 주식회사 코치에이에서 비즈니스 코치로 경영진 코칭에 종사했으며 2010년 학교운영의 공동 플랫폼을 제공하는 학교운영기구 주식회사를 설립했다. 2013년 경영 파산 상태가 된 치바현 가모가와시의 사립 분리카이세이고교의 경영을 인계받아 이사장에 취임했다. 2015년부터 교장을 겸임하고 있다.

후쿠하라 마사히로

IGS(주) 대표이사 사장

1992년 게이오기주쿠대학 졸업 후 도쿄은행에 입사했다. 프랑스의 인시아드(INSEAD)에서 MBA를, 그랑제콜 HEC에서 국제금융 석사학위를 최우수 성적으로 취득했다. 쓰쿠바대학에서 박사(경영학)학위를 취득했다. 2000년 세계 최대의 자산운용회사 바클레이즈 글로벌에 입사하여 35세에 최연소 매니징 디렉터에 취임했다. 2010년 글로벌리더 육성 교육과 인재지원회사 IGS를 설립했다. 인공지능을 이용한 취업 지원 서비스 'GROW', 토플용 온라인 학습 교육 외에 제토카이와 합병으로 초중고생 대상 리더 양성 학원 'igsZ'를 개원했다. 《세계 1%의 철학수업》, 《하버드의 생각수업》 등 다수의 저서가 있다.

교육자가 말하는
미래 인재가 되는 법

스즈키 아쓰시

×

후쿠하라 마사히로

×

이와사키 히데토시

문과 교육,
이대로 괜찮을까

이와사키: 지금까지 문과 교육이 갖고 있는 문제점에 대해 설명했습니다. 나는 2014년까지 8년 동안 오사카게이자이대학 대학원에서 투자 이론을 가르치거나 아키타의 국제교양대학과 사이타마 대학 등에서 강연을 해왔습니다. 그리고 2003년에 독립해서 지금의 회사를 경영하고 있는데 컨설턴트 서비스를 제공하는 고객 중에는 교육 관련 회사를 운영하는 분도 있었습니다.

두 분은 국제적인 비즈니스 세계에서 활동한 경험이 있으면서도 현재는 일본에서 교육과 관련된 일을 하고 계십니다. 그런 두 분은 지금의 문과 교육을 어떻게 보고 있을까, 나와는 또 다른 관점을 가지고 있지 않을까, 하는 생각이 들어서 모셨습니다.

두 분은 어떻게 교육에 관심을 갖게 되었나요?

스즈키: 나는 모든 일에 대해 넓은 관점으로 생각하는 것을 좋아합니다. 흥업은행에 입사한 것도 돈벌이에만 빠지지 않고 균형 감각이 있는 비즈니스를 할 수 있겠다고 생각했기 때문입니다. 흥업은행이 통합되어 미즈호은행이 됐을 때 더는 내가 있어야 할 곳이 아니라는 생각에 그만두었습니다.

그 후 몇 군데 기업에서 일하다가 마지막에는 내가 하고 싶은 일을 하자고 생각했지요. 그렇게 넓은 관점으로 생각하니 역시 교육에 이르더군요.

그 일을 진지하게 해보려고 우선 학교법인 야시마학원 이사장인 오다 히로히토 씨와 함께 학교운영기구 주식회사를 설립했습니다. 왜냐하면 학교 운영에 활용할 수 있도록 관련 부서를 제휴시키는 플랫폼을 만들어두고 싶었거든요.

원래 교육이란 콘텐츠가 중요합니다. 그러나 운영상의 과제가 많아서 콘텐츠 개발에 집중할 여력이 없습니다.

대체로 학교는 하나하나 독립된 형태로 운영되기 때문에 무슨 일을 할 때도 결국 각 학교가 개별적으로 여러 번 움직이는 수고를 해야 합니다. 그렇다면 운영 면에서 관련 부서를 하나로 제휴시키면 좀 더 낮은 비용으로 많은 일을 할 수 있겠다는 생각이 들더군요.

그러면 저출산으로 인한 학생 수 감소로, 들어오는 수업료가 줄어드는 상황에서도 흔들리지 않고 학교 운영을 할 수 있겠다고 생각했죠. 그렇게 기초를 튼튼히 하고 나서 독자적인 콘텐츠로 경쟁하면 된다고 봤습니다.

현재는 학교를 운영하는 공동 플랫폼 사업 외에 치바현 가모가와시에 있는 사립 분리카이세이고교의 이사장 겸 교장으로 일합니다. '스스로 생각하고 스스로 행동하고 스스로 인생을 개척하는 인간 육성'을 교육 목표로 내걸고 드넓은 태평양 바다에 면한 학교에서 국제색 짙은 체험형 소인원 교육을 실천하고 있습니다.

후쿠하라: 나는 일본이 세계 속에서 힘을 잃어가는 모습을 보고 강한 위기감이 들었습니다. 특히 외국에 나가서 일본을 객관적으로 보면서 위기를 절감했습니다. 나는 당시 도쿄은행 소속으로 프랑스에서 유학하고 있었는데 마침 그 시기에 거품경제가 무너져 일본의 존재감이 점점 약해지는 모습을 지켜보면서 '도대체 일본은 어떻게 되는 걸까?' 하고 강한 의문을 가졌지요.

내가 유학하던 곳은 프랑스 퐁텐블로에 있는 인시아드라는 비즈니스스쿨인데 여기는 세계에서 가장 다양성이 많은 곳입니다. 지역민 중 프랑스인이 15퍼센트밖에 안 되기 때문에 아무도 다수가 되지 않습니다. 그런 상황에서 처음에는 모두 국적을 초월해서 사이

좋게 지내려고 합니다. 하지만 1년 정도 지나면 다양성의 이점은 이해하지만 '역시 다르구나'라는 걸 느끼고 자국의 정체성으로 돌아가는 겁니다. 1년 동안 모두 똑같이 그 차이를 이해하는 과정을 거치는 셈이죠.

그것을 직접 경험하면서 국제, 즉 국가 간이라는 관계성이 아니라 다양한 사람들이 모인 공동체 안에서 이런 차이가 생겨나는 데는 어떤 역사적·문화적 배경이 있는 게 아닐까, 하고 흥미를 가졌습니다. 그런 일이 계기가 되어 그것들의 근본이라 할 수 있는 교육 관련 일을 하고 싶다는 생각을 하게 됐지요.

그 후 외국계 금융기관에서 일하며 헤지펀드 조직을 이끌기도 했습니다. 하지만 거기에서 일하다 보니 재정거래(증권 거래에서 두 개의 증권 시장에서 같은 증권의 가격이 서로 다를 때 그 증권을 반대로 매매함으로써 생기는 차액을 취득함. 또는 그런 거래)를 하며 회사의 수입 창출에만 전념할 뿐이고 '사회에 아무런 기여도 하지 못하는 게 아닐까' 하는 회의가 점점 강해지더군요. '내 인생이 이걸로 끝난다면 아무 의미가 없겠구나' 하고 말이죠.

사회에 기여할 수 있는 일이 없을까 생각하다가 우선은 글로벌 리더를 양성하는 장을 만들 목적으로 아이지에스(IGS)를 설립했습니다. 지금은 제토카이(Z회)와 합병이 된 '아이지에스제토(igsZ)'라는 학원에서 초중고 학생에게 철학이나 비판적 사고, 리버럴 아츠 등을 영어로 가르치고 있습니다. 언젠가는 전 세계 사람들과 경쟁하며 공동 가치를 창조하고 새로운 국제 공동체를 구축해갈 수 있는 리더를 키우는 것이 목표입니다. 더불어 해외 대학 진학과 유학 지도도 하고 있습니다.

이와사키: 나는 이 책에서 지금 일본의 문과 교육이 세상의 움직임과 동떨어진 게 아닌가 하는 문제를 제기했습니다. 지금처럼 문과 교육을 계속 받는다면 세계 경쟁에서 이기기는 어렵다고 생각합니다. 물론 본인의 노력에 따라 결정된다는 말은 했지만 실제로 교육 현장에 종사하는 두 분이 보기에는 어떻게 느끼나요?

스즈키: 실제로 교육 현장에 있다 보면 상상 이상으로 문제점이 보입니다. 새삼스럽게 말할 필요도 없이 앞으로의 비즈니스는 글로벌한 전개가 필수지만 지금 일본의 문과 교육만으로 글로벌에서 경쟁하는 건 솔직히 만만치 않을 거라 생각해요. 왜냐하면 학교 교육에서는 미래에 요구되는 사고와는 완전히 다른 걸 가르치고 있으니까요. 글로벌 사회에서는 '남과 어떻게 다른가'라는 것이 철저히 요구됩니다.

나는 미국의 듀크대학 비즈니스스쿨에서 MBA를 취득했는데 원서를 낼 때 에세이를 쓰느라 굉장히 고생했습니다. 에세이에는 '내가 다른 사람에 비해 뛰어난 점'에 대해 꼼꼼하게 써야 합니다. 다양한 각도에서 글을 쓰지 않으면 안 되는 거지요. 하지만 그런 사고로 공부한 적이 없었기 때문에 무척 힘들었습니다.

일본에서는 '어떻게 하면 남들과 같아질까?'를 생각하고, '협조'에 대한 평가 비중이 지나치게 큽니다. 남과 다른 일을 하는 건 좋지 않다는 사고가 초등학생 때부터 몸에 배지요. 이래서는 세계 경쟁에서 싸우기 어렵습니다.

후쿠하라: 그렇군요. 나도 그 생각에 동의합니다. 일본에 있으면 진정한 다양성을 만날 수 없지요. 외국에 나가면 다양한 문화를 가진 사람들이 섞여 있어 터무니없는 불합리함도 경험합니다. 하지만 그런 과정을 거치면서 역량(과제에 대응할 수 있는 능력과 특성)을 키워가는 것이 중요하다고 생각합니다.

다만 유럽과 미국이 아니면 안 된다는 건 아닙니다. 앞으로 다가올 시대에는 아시아의 다른 나라로 가는 것도 하나의 방법입니다. 나는 베트남에서도 일했는데 그곳에서는 현지 사람들만 고용하는 게 아니라 일본에서 온 대학생도 인턴으로 받고 있습니다.

1년 정도 지나면 그들은 베트남어에 능통해지고 영어도 할 수 있게 됩니다. 유럽이나 미국에서 유학하는 것보다 저렴한 비용으로 언어를 해결하는 거죠. 여러 가지 조건이 갖추어지지 않은 상황에서 살아남는 강인함도 터득하게 됩니다. 우리처럼 유럽과 미국을 따라잡기 위해서 노력하던 세대와는 다른 강인함을 가질 수 있지요. 국내에 있기만 한다면 강인함을 갖기 힘듭니다.

바뀐 시대에
걸맞은 교육이 필요하다

이와사키: 일본 교육의 문제점 중 하나는 걸핏하면 구분하여 묶어버리려는 점입니다. 한번 '문과·이과'로 나눠지면 특별한 재능이 있어도 '나는 문과니까', '나는 이과니까' 하는 고정관념에 갇혀버립니다. 문과·이과 이외에도 '유토리 세대(학습 내용과 시간을 줄이고 학생의 창의성과 자율성을 존중하는 유토리 교육을 2002년부터 공교육에 본격 도입했다. 그러나 학생들의 학력 저하를 이유로 철폐하고 학력 강화 교육으로 급선회했다. 유토리 세대란 유토리 교육을 받고 자란 세대를 가리킨다)'와 '사토리 세대(달관이나 득도한 세대라는 뜻으로, 돈이나 출세에 관심이 없는 젊은 세대를 가리킨다)'로 묶어버리기도 합니다. 결과적으로 그런 말을 계속 들어온 젊은이들이 오히려 그 말에 영향을 받아 자신감을 잃고 맙니다.

유토리 교육에서는 원주율을 목적에 따라 3으로 계산해도 됐는데 그 일로 상당히 시끄러웠잖아요. 하지만 원래라면 원주율이 3이든 3.14든 의미하는 것이 무엇인가가 더 중요하죠.

원을 그려서 그 지름에 실이나 끈을 대봅니다. 지름 길이로 자른 실이나 끈으로 이번에는 원의 바깥쪽 둘레를 따라가면 끈 길이의 3배가 조금 더 됩니다. 신기하게도 어떤 크기의 원이든지 이 관계가 성립됩니다. 그런 것을 체험하고 왜 이렇게 나오는지 생각해보는 것이 3이나 3.14를 암기해서 계산식을 푸는 것보다도 중요하지요.

스즈키: 유토리 세대라든가 사토리 세대라는 건 위에서 내려다보는 시선으로 말하는 불쾌한 네이밍에 지나지 않습니다. 그 세대 당사자들은 유토리(여유) 같은 것도 없고 득도나 달관을 한 것도 아닙니다. 이런 꼬리표를 붙여서 분류하는 건 옳지 않습니다. 바로 거기에서 사고 정지 상태에 빠지니까요.

물론 나도 젊은이들과 완벽하게 의사소통을 하는 건 아닙니다. 다만 '내가 당연하다고 생각했던 것이 그들에게는 당연하지 않다'라는 건 잘 압니다.

평범한 고교라면 교장이 개별적으로 학생과 마주하는 것은 퇴학을 통보할 때 정도밖에 없겠지만 나는 '교장과의 대화' 시간을 만들어서 학생들과 직접 대화하려고 노력했습니다. 저 나름대로는 열심히 소통하려고 하지만 학생들에게는 전혀 가 닿지 않더군요. 그야말로 그물로 바람 잡기 같았어요.

그때 어떤 학생이 말하더군요.

"교장선생님은 고도성장기 때를 알고 있으니까 그때와 비교해서 지금을 말씀하시는데 우리는 태어났을 때부터 저성장, 마이너스 성장기였습니다. 비교할 데가 없고 높은 곳은 모릅니다. 중국 같은 나라를 보면 고도성장이 어떤 건지는 알겠는데 그건 다른 나라 일이니까 단번에 와닿지 않고요."

그 말을 듣고 나니 그럴 수 있겠다고 공감이 되더군요. 비교하는 것이 다르다면 거기에서 발생하는 정보도 달라지는 거지요.

그 뒤로 나는 '좋다', '나쁘다' 같은 평가는 절대 하지 않았습니다. 학생들은 나름대로 열심히 나아가려고 애쓴다는 걸 믿었죠.

선생님들 역시 학생들을 먼저 인정해주려고 합니다. 어떤 아이든지 인정을 받으면 더욱 성장하려는 마음이 생겨납니다. 거기에서 조금만 더 발돋움할 수 있는 목표를 부여해주면 좋은 결과가 나오지 않을까 생각합니다.

후쿠하라: 결국은 누구나 '시대의 부산물'이라고 하는 당연한 이야기로 귀결되지요. 예를 들어 현재의 베트남은 일본의 1960년대와 비슷하잖아요. 모든 것이 성장하는 상황이라면 주위에서 어떤 교육을 해도 그 나름대로 상승기류를 탈 수 있습니다. 하지만 성장이 끝나고 목표가 사라지면 그렇게는 되지 않지요.

나는 우리 집 아이들을 글로벌하게 키우려고 여러 나라에 데려가 보았는데 아이들은 "일본보다 좋은 나라는 없다"고 합니다.

지금부터 30년 이상 전에는 일본에 '능력은 있지만 가난한' 사람들이 많았습니다. 그래서 헝그리 정신도 가질 수 있었을 겁니다. 하지만 자신의 나라가 제일 좋다고 하면 헝그리 정신을 가지라고 해도 무리일 것입니다.

유토리 세대, 사토리 세대는 마케팅 용어에 지나지 않습니다.

단순하게 시대가 변했을 뿐입니다. 반대로 지금과 같은 성숙사회에서 유토리 교육이 아니었다면 더 좋지 않은 일이 일어났을지도 모릅니다. 그러므로 결과론일 수밖에 없는 거지요.

다만 시대가 변했는데도 과거의 교육 방식이 지금도 계속된다는 게 문제입니다. 내가 공교육에 관여하는 지방의 온천 지역에서는 1교시가 시작되기 전부터 자는 아이들이 있습니다. 왜 자고 있는지 교사들에게 물어보니 "한 부모 가정 아이 중에 자는 아이가 많습니다"라고 하더군요. 보호자가 직원으로 일하는 료칸에서 아이가 밤늦게까지 스마트폰이나 게임을 한다는 거예요. 물론 한 부모 가정 아이들 중에 열심히 하는 아이들도 많습니다.

이것 또한 이혼율이 상승한 '시대'의 모습이겠지요.

이와 같이 시대의 흐름에는 가정환경 등도 복잡하게 관련되기 때문에 작은 노력으로 교육을 바꿀 수는 없다고 생각합니다.

그렇다고 이런 시대니까 어쩔 수 없다는 것이 아니라, 무엇을 해야 할지를 생각해서 나아가야 한다는 거지요.

국가 차원의 대처도 중요하지만 개인으로서도 어떻게 해야 할지를 생각해야 합니다. 세상 탓, 남 탓만 해서는 안 되지요.

유감스럽지만 일본이라는 시스템이 제대로 작동하지 않게 된 건 사실입니다. 다만 희망도 있어요. 우수한 아이들의 능력은 굉장합니다. 날카롭고 예리하죠. 지금의 최상위권 학생은 예전의 최상위권 학생보다 명백하게 우수합니다.

뒤떨어지는 아이가
생길 수밖에 없는 구조적 문제

스즈키: 나는 도시에서 태어나고 자라서 지방을 잘 몰랐습니다. 그러나 분리카이세이고교가 있는 치바현의 가모가와와 인연을 맺으면서 과소화, 고령화, 저출산 문제에 직면했습니다. 더욱이 실감한 건 한 부모 가정이 늘고 있는 점입니다. 남편이 도박에 빠져서 야반도주 하다시피 떠나온 엄마와 아이가 많습니다. 이혼과 재혼을 거듭하여 아빠와 엄마가 다른 아이들도 볼 수 있습니다. 학교에 재정적인 여유가 있으면 좋을 텐데 아이 수가 줄고 있으니까 반대로 교육 현장은 더 어려워졌습니다. 아이들 한 명 한 명을 집중해서 봐주기가 어려운 현실입니다.

아이의 학력을 보면 예전에는 중간층이 많은 종 모양의 곡선이 있었습니다. 하지만 지금은 종 모양의 곡선이 흐트러져 변형된 쌍봉낙타 같은 모습입니다. 잘하는 아이들의 작은 산이 있고 중간층이 줄고, 이어서 못하는 아이의 산이 있습니다. 후쿠하라 씨가 지적했듯이 잘하는 아이는 대단히 우수하지만 못하는 아이들도 많으며 그 사정은 저마다 다릅니다.

하지만 의무교육에서는 성적이 나빠도 졸업시킵니다. 그러다 보니 육체적 연령은 중학교 졸업 수준인데 학력은 초등학교 3학년 정도인 경우가 있어요. 그런 아이들을 도와주는 것이 우리 같은 지방 사립학교의 큰 역할이 됐습니다.

문제아는 현에서 설립한 공립학교에는 합격하기 어렵습니다. 하지만 졸업시키는 중학교 입장에서는 고교에 가기를 바라지요. 그래서 사립학교로 오게 되는 겁니다.

물론 사립이라고 해도 천차만별입니다. 유명 대학 부속고교 같은 곳은 예외지만 우리 학교에는 중학교 3년 동안 학교에 거의 나오지 않았는데도 졸업한 학생이 있습니다. 그런 아이도 소인원 교육의 장점을 살려서 정성껏 돌보면 등교할 수 있게 됩니다. 그리고 그 아이들 중에서 약학대학 같은 좋은 대학에 진학하는 아이가 간혹 나와 이제야 빛이 보이기 시작했지요.

교육은 아무래도 시간이 걸립니다. 솔직하게 사업가의 관점으로 본다면 할 수 없는 일이지요. 나는 지금까지 힘들 때마다 '교육은 국가와 사회의 기본'이라는 마음으로 지탱해왔습니다.

문과대학을 직업훈련학교로 만들어야 할까

후쿠하라: 대학 수준도 저마다 다릅니다. 어떤 문과대학 학생들

에게 졸업하면 어떻게 하고 싶은지를 물었더니 충격적인 대답이 돌아왔습니다. "전문대학에 가고 싶다"는 겁니다.

그 학생들은 부모님이 대학에 가라고 해서 왔지만 전문대학에 가서 다시 한 번 사회생활에 도움이 되는 지식을 배우고 싶다고 합니다. 그렇다면 대학 4년간은 뭐지요? 처음부터 전문대학에 보내는 편이 좋았을 텐데 하는 생각이 들죠.

한편, 유명 사립대학과 국립대학 학생들은 어떨까요? 학교 이름이 있으니 우선은 문제없겠지만 사실 그다지 차이는 없습니다. 비슷한 일이 일어나고 있습니다.

이와사키: 그런 점에서도 일류 대학을 제외하고 직업훈련학교로 만들자는 얘기가 나오는 거겠지만 그건 본말전도라고 생각합니다. 학생이 공부하지 않는 건 틀림없이 가르치는 쪽에도 잘못이 있습니다. 가르치는 쪽의 질에도 문제가 있는 거죠.

자신이 쓴 교재를 소리 내어 읽거나 매년 똑같은 말을 하는 강의가 버젓이 통하는 건 일단 교수가 되면 경쟁이 없고 편안하기 때문입니다.

나는 2007년부터 2014년까지 8년 동안 오사카게이자이대학 (기타하마 캠퍼스) 사회인 대학원에서 '투자전략론' 강좌를 담당하며 강사로 재직했습니다. 이 강좌를 맡을 당시 스스로에게 매년 다른 수업을 하겠다고 다짐했죠. 같은 이야기를 하는 건 나도 재미없고 긴장감이 사라지거든요. 강사로서 배우는 것도 적어지고요. 그런 수업을 받는 학생에게도 미안한 일입니다.

물론 투자전략론을 가르칠 때 빠뜨릴 수 없는 것이 있습니다. 리스크와 수익의 관계나 현금흐름을 통하여 기업 가치를 산출하는 방법 등이지요. 그러나 그 핵심 부분에 이르는 과정에는 매년 변화를 주었습니다. 어떤 해에는 학생들에게 기관투자가인 주식 애널리스트 역할을 맡겨서 도요타와 닛산 중 어느 쪽 주식을 펀드매니저에게 추천할지를 논의하게 했습니다. 샤프의 업황이 좋지 않았던 해는 주가가 대략 얼마가 되면 샤프의 주식을 살 수 있을지 다 함께 논의했고요. 케이스스터디 중심의 수업이었는데 그 사례를 해마다 바꿨습니다.

그 결과 일부러 내 수업을 들으러 오는 사람들이 생겨났습니다. 사회인 대학원이기 때문에 석사과정 학생 외에 중소기업 경영자도 수강하고 있었는데 수업이 재미있으니까 그들 중에 해마다 내 강의를 수강하는 사람들이 생긴 것입니다. 매년 여름 토요일마다 골프 치러 가서 쉬고 있을지도 모르는 날에 꼬박 세 시간을 계속해서 내 수업을 듣습니다. 덕분에 나도 상당히 의욕이 생겼지요.

그러나 어떨까요. 이 책을 읽고 있는 분 중에 학생 시절에는 동아리 활동에 참여하다가 선배에게 전년도 수업 필기 노트를 빌렸더니 그해도 거의 같은 내용으로 수업하고 있었다, 그런 경험을 가진 분이 많지 않을까요?

재미가 없으면 학생들은 강의에 나오지 않고, 나온다고 해도 잠자기 일쑤입니다. 요약하면 교육 현장의 의식이 낮은 것입니다.

분명 그런 상황을 전제로 하면 어중간한 대학은 없는 편이 낫지요. 하지만 교육의 본래 모습을 생각하면 그래서는 안 됩니다. 가르치는 쪽에 경쟁 원리를 도입해 외부에서 좋은 인재를 영입하여 제대로 가르쳐야 합니다. 그렇게 하지 않고 한번에 없애버리는 건 교육을 부정하는 일입니다.

교육이란 본래 '생각하는 것을 가르쳐야' 합니다. 생각하는 힘을 길러줘야 하는데 유감스럽게도 그걸 할 수 있는 교수가 많지 않다는 생각이 듭니다.

물론 위기감을 가진 사람도 있지만 이사장이라고 해도 교수회를 바꿀 수는 없습니다. 이사회와 이사장에게 교수회에 변혁을 촉구할 권한은 없지요. 애초에 4년 정도로 정해진 임기로는 무리죠. 보통 회사라면 당연히 이루어졌을 일이 대학에서는 불가능한 것입니다.

후쿠하라: 말씀하신 대로입니다. 교수는 머릿속에 자기 연구에 대한 생각으로 가득한 사람이 많은 데다가 학생들 수준에 맞춰 가르쳐주지도 않습니다. 나는 어떤 대학에서 '파이낸스 포트폴리오 이론'을 강의해달라는 의뢰를 받은 적이 있는데, 학생의 흥미와 수준을 생각하니 분명 적합한 수업이 아니더군요. 그렇다면 학생들이 흥미를 가질 만한 일과 연결하여 주제와 수업 내용을 바꾸지 않으면

안 됩니다.

한편 교수들은 학생들이 예습, 복습을 하는 것을 전제로 하지 않습니다. 미국 대학생이라면 당연히 아는 것을 일본 대학생은 모른다는 전제로 커리큘럼을 짜야 하는 거죠.

그런 걸 보고 있으면 사립 문과대학과 그와 관련된 여러 가지 시스템의 잘못이 크다고 생각합니다.

예를 들면 와세다, 게이요, 조치 같은 유명 사립대학에 자녀가 입학하면 부모는 기뻐합니다. 그래서 고교에서는 '사립 문과 코스'라는 것을 만듭니다. 대학 입시 과목에 집중하기 위해 예전에는 가르치던 수학을 거의 없애고 있습니다. 이건 치명적입니다. 이때 '이과와 수학이 싫다'고 생각하는 아이들이 대량으로 나오기 때문입니다. 그리고 이런 코스대로 따라온 사립 문과 출신이 더 이상 세상에 통하지 않게 될 것은 분명합니다.

이와사키: 실제로 투자 세계에서도 포트폴리오 이론을 제대로 배우려면 편미분 지식이 필요합니다. 이 부분은 수ⅡB와 수Ⅲ에서도 다루지 않아 대학 수학에서 배워야 합니다. 이른 시기에 '문과·이과'를 결정지어 수학을 포기하면 편미분 지식을 익힐 기회를 잃습니다. 이 때문에 나중에 고생할 뿐만 아니라 글로벌한 금융의 세계, 특히 머니 매니저의 세계에서 프로가 되기 힘들어집니다.

학벌 위주로 인재를
채용해온 기업

후쿠하라: 하지만 인재를 채용할 때 '학벌'을 중시하는 기업도 문제가 있습니다. '좋은 대학' 학생은 좋은 회사에 취업되기 때문에 교수는 어떤 교육을 해도 크게 상관없다는 식이지요.

회사에서 학벌 위주로 채용을 해온 탓에 결과적으로 일본 기업의 경쟁력은 저하되고 있습니다. 연쇄적인 악순환이 일어나고 있는 거죠.

또 최근에 대학원에서의 학력 세탁이 큰 문제가 되고 있습니다. 도쿄대, 와세다, 게이요 같은 유명 대학 대학원이 정원 미달 사태가 벌어져 쉽게 입학할 수 있게 된 거죠. 다른 대학도 마찬가지입니다. 그리고 기업에서 그들을 채용합니다.

일본인은 학벌의 서열을 만들지만 먼저 이런 구조부터 바꾸지 않으면 안 됩니다. 즉 기업도 잘못이고, 대학도 잘못이며, 부모에게도 책임이 있습니다. 사회 전체가 움직이지 않으면 안 됩니다.

스즈키: 대학 교수가 형편없는 강의를 해도 학생이 좋은 회사에 취업하면 자신에 대한 평가는 걱정 없다는 생각이 아닐까 하는 의심이 생기더군요.

인공지능을 이길 수 있는 문과 vs 이길 수 없는 문과

이와사키: 이 책에서는 인공지능의 등장으로 세계는 물론이고 국내에서도 살아남을 수 없다고 불안해하는 문과 사람들을 위해 다양한 제안을 했습니다. 물론 지식을 얻는 것이 필요하지만 스스로 생각할 수 있는 힘과 창조성도 중요해졌다고 생각해요.

후쿠하라: 어떤 학교에서 아이들에게 두 종류의 문제를 낸 적이 있습니다. 하나는 답이 있는 문제였는데 그 문제는 모두 정확하게 대답했습니다.

그러나 '당신은 누구인가?'와 같은 문제를 냈더니 순간 조용해졌습니다. 즉 개성 없는 아이들이, 정답이 있는 문제만 풀고 있었던 것이지요.

'이 아이들, 인공지능으로 대체될 후보생들이구나' 하는 생각이 번쩍 들더군요. 일본의 교육은 이런 아이들을 열심히 만들어내고 있는 거죠.

인공지능은 이익이 가장 많은 곳을 겨냥해 올 겁니다. '돈이 되겠구나' 생각되는 곳을 차례차례로 인공지능이 대신하게 되겠지요. 극히 일부를 제외하고 대부분 인공지능이 완전히 대체할 수 있습니다.

다만 인간과 완전히 비슷한 행동을 할 수 있는 범용형 인공지능은 그렇게 쉽게 등장하지는 못할 거라고 생각해요. 그러므로 지금, 어떻게 하는가가 중요합니다.

인공지능으로 대체될 것인가, 아니면 끊임없이 자신을 업그레이드할 것인가. 4차 산업혁명 시대에 인공지능으로 대체되지 않기 위해서 항상 '남과 다른 나'를 잃지 않는 것이 필요합니다.

그리고 이미 사회로 나온 문과 사람들은 지금부터라도 프로그래밍을 배우는 것이 필수입니다. 30대 이하라면 반드시 프로그래밍 부트캠프(프로그래밍 훈련 프로그램)에 참가하는 걸 추천합니다.

개인 공간에서 쉬려고 하면 프로그램 강사가 와서 공부할 수 있게 독려하는 방식이 좋습니다. 텔레비전 광고에서 라이잡이라고 하는 회사가 '결과를 약속한다'는 슬로건을 내건 다이어트 프로그램으로 화제가 되었는데, 말하자면 프로그래밍의 교실판인 셈이죠. 힘들어도 일주일. 그 기간 동안 노력하면 게임 같은 건 간단히 만들 수 있습니다.

그렇다고 프로그래머가 되라는 건 아닙니다. 어떤 식으로 수학 모델의 기본형이 움직이는가 하는 프로그래밍적 발상과 사물을 보는 시각과 감각을 가져야 합니다. 그게 되지 않는다면 지금 당신이 하는 일은 인공지능으로 대체될지 모릅니다.

물론, 인공지능 시대에는 철학적인 사고법도 필수입니다. 그러므로 책벌레처럼 깊이 생각하는 데 뛰어난 문과형 사람이 프로그래밍을 배운다면 대단히 강해지겠지요.

나도 20대 중반에 프로그래밍 코스를 무작정 배운 것이 지금도 대단히 큰 도움이 되고 있으니까요.

스즈키: 내가 MBA 취득을 위해 유학할 때는 그야말로 인터넷 같은 건 없었어요. 하지만 지금은 인터넷에 코세라[31]를 비롯해서 프로그래밍 등, 다른 수준 높은 교육을 받을 방법이 얼마든지 있잖아요. 그러므로 할 마음만 있다면 국내에 있어도 얼마든지 할 수 있다고 생각해요. 다만 정말로 '할 마음'이 있는지가 문제지요.

문과가 진정한 글로벌 인재가 되는 방법

이와사키: 그렇군요. 처음에도 얘기가 나왔지만 문과든 이과든 '나는 누구인가'라는 관점은 앞으로 글로벌 사회에서 살아남기 위해 절대적으로 필요하지요.

영어를 잘해도 글로벌 인재가 아닌 사람이 많거든요. 투자은행에도 수없이 많습니다. 그들은 영어는 잘하지만 내용이 없습니다.

끊임없이 능력을 키우려고 노력하는 사람은 자신의 생각을 전하기 위해서 영어를 수단으로 이용합니다. 비록 더듬거리더라도, 발음이 이상하더라도 내용이 있으면 좋은 평가를 받습니다. 반대로 유창한 말뿐이라면 바보 취급을 당합니다. 인공지능이 발달하면 그들은 기계 통역으로 끝나버릴 사람들이기 때문이지요.

스즈키: 내가 생각하는 '글로벌 인재란 무엇인가'의 만점 답안은 '아무리 사소한 문제라도 좋으니까 사회가 직면한 과제를 발견하고 그것을 해결하기 위해서 국경을 초월한 폭넓은 사고로 깊이 생각하고 성과를 올리는 사람'입니다. 그런 의미에서 누구라도 글로벌 인재가 될 수 있다고 생각합니다.

후쿠하라: 나도 문과·이과에 관계없이 '누구든지 인재가 될 수 있다'고 생각해요. 지구촌에서 한 사람 한 사람이 자신다운 모습으로 사회에 공헌할 수 있으면 되는 거지요. 특별히 세상에서 유명해지겠다는 생각 없이, 국적 같은 건 상관없이, 늘 사회를 생각하고 자신이 할 수 있는 힘을 발휘한다면 그것이 글로벌 인재라고 생각합니다.

그러므로 단순히 영어 실력이 뛰어나고 세계를 누비고 다닌다고 해서 글로벌 인재는 아닙니다. 물론 영어는 잘하는 게 당연하다고 생각하는 게 좋겠지요. 자신의 생각을 세상에 펼칠 때 영어를 못한다면 분명 불리해지니까요.

이와사키: 그런 의미에서 기회가 된다면 외국에 나가보는 것도 좋겠지요. 돈과 시간이 없어도 찾으면 방법은 있습니다.

미국의 경우, 잘 알아보면 장학금을 받을 수도 있으니까 처음부터 그걸 목표로 할 수도 있고요.

중요한 건 먼저 행동으로 옮기는 것입니다. 영어를 못한다든가, 돈이 없다든가 하는 문제는 어떻게든 해결할 수 있으니까요.

나는 집이 부유하지 않고, 형제도 네 명이나 있어서 대학에 갈 수 있을지도 불투명했습니다. 어릴 때 읽던 잡지 〈소년 매거진〉 뒷부분에 속기사가 되는 통신교육 광고가 실려 있었는데 실제로 난 그 통신 교육을 받았어요. 그때는 내가 글로벌 세계에서 일할 거라고는 전혀 생각도 못 했거든요.

그래서 어쩌면 국회 같은 곳에서 속기사를 하고 있었을지도 모릅니다. 우물 안 개구리 같은 환경에 있었는데 우연히 중학교 3학년 말에 서점에서 《20개국 언어를 유창하게》(시쓰교노니혼샤)라는 책을 발견했습니다. 저자인 다네다 데루토요는 고교 시절에 유학한 경험을 바탕으로 어학에 깊은 흥미를 가지고 나중에는 20개국 언어를 터득했다고 합니다.

영어 하나도 변변히 못하던 내 입장에서는 20개국 언어라니 믿을 수 없었지만 그 책이 계기가 되어 '먼저 영어라도 제대로 해보자' 하고 생각했습니다.

우물 안 개구리 같은 환경에 있더라도 뭔가 계기만 있으면 외국으로 유학 가는 일이 생길 수 있습니다. 나는 고교 유학 때도, 스탠퍼드대학 비즈니스스쿨에서도, 학비를 전혀 내지 않았습니다. 돈이 없어도, 어려운 환경에 있어도 기회는 많으니까 도전해봐야 해요.

유학이 아니더라도 사회인으로 몇 년 일한 후, 일단락 짓고 외국에 나가는 것도 좋다고 생각해요.

후쿠하라: 지금 베트남에서는 일본인을 대단히 필요로 합니다. 그런 곳에 뛰어들면 1년 사이에 최고의 경험을 할 수 있습니다.

물론 급여는 15만 엔 정도로 높지 않습니다. 하지만 물가가 싸기 때문에 상당히 안정된 생활을 할 수 있지요. 계속 머물지 않더라도 어느 정도 경험을 쌓고 다른 직업으로 전환하여 재미있는 일을 하는 사람도 많습니다.

내가 경영하는 학원에서는 기본적으로 학생들 전원이 해외로 나가는데 그들은 "일본 대학에 다니는 선배들은 아르바이트에 치여서 아무 대책이 없다"라고 합니다. "그런 4년이라면 시간 낭비다"라고 말이지요.

이렇게 스스로 외국으로 나간 사람은 뭔가를 얻어 오지만 반대로 부모에게 강요받은 사람이라면 그렇지 못할 수 있습니다.

남들과 같아서는
혁신할 수 없다

후쿠하라: 고졸로 자수성가한 사람들이 흔히 하는 오해 중 하나가 '영어만 할 수 있으면'입니다. 그들은 '자신에게 영어 능력만 있었더라면 세계적으로 성공했을 텐데'라고 생각하고 초등 자녀를 해외로 보냅니다. 하지만 어린아이가 스스로 가고 싶을 리 없습니다. 부모의 기대가 지나쳐서 유학갔다 돌아온 아이가 정체성 위기를 겪는 일이 많습니다.

스즈키: 내 지인 중에도 아이 교육을 위해서 싱가포르로 이사한 사람이 여러 명 있습니다.

나도 어릴 때 아버지의 일 때문에 4년 동안 오스트리아에서 생활했습니다. 현지 학교에 다니면서 독일어, 영어, 라틴어까지 배워야 해서 고생했지요.

좋든 싫든 내가 일본인이라는 사실을 깊이 깨달았고, 일본을 좋아하게 되고 넓은 관점으로 생각하게 됐습니다. 또 강한 정신력도 생겼습니다. 결과적으로 부모에게 의지하지 않고 내 힘으로 어떻게든 해야 한다는 생각도 갖게 됐습니다. 내 경우는 좋은 경험이었습니다.

물론 그렇지 않은 아이도 있습니다. 우리 집 큰아이, 작은아이는 둘 다 스위스에서 지내며 국제학교에 다니고 있습니다. 작은아이는 그런 환경에 익숙해져서 미국 대학에 진학하려고 합니다. 하지만 큰아이는 일본 대학에 가고 싶다고 하더군요. 바로 근처에 도쿄대학보다 세계적으로 우수한 로잔공과대학이 있는데도 "스위스에서 보낸 몇 년 동안은 힘든 일뿐이에요. 일본이 좋아요"라고 하더군요. 그러니까 개성에 따라 다른 거겠지요.

이와사키: 아이가 어떻게 생각하는지는 중요합니다. 스즈키 씨가 그랬던 것처럼 상당히 혹독한 상황에 놓여도 아이는 견뎌냅니다. 스스로 '이렇게 하고 싶다'고 생각하면 끝까지 해낼 수 있습니다. 그러므로 본인이 '이렇게 하고 싶다'고 생각할 수 있는지가 중요합니다.

다만 어느 쪽이든 남과 같은 일을 하고 있어서는 안 된다는 건 분명합니다. 조화만 중시해서는 안 되는 것도 분명합니다. 문과·이과에 관계없이 '아웃사이더'로 있는 것도 괜찮다고 생각합니다.

스탠퍼드대학 비즈니스스쿨 시절의 친구들 중 애플의 스티브 잡스와 함께 일한 경험이 있는 친구가 몇 명 있었습니다. 모두가 이구동성으로 하는 말은 "스티브와 일하는 게 정말 싫었다"입니다.

분명 그는 영웅이지만 그런 사람과 함께 일하는 건 부하로서는 힘들 것입니다. 우선, 그가 일본 회사에 입사했다면 성공할 수 없었을 겁니다. 그러나 스티브 잡스 같은 사람이 세계를 바꾸는 혁신가가 됩니다.

스마트폰의 기초 부품이 플래시 메모리입니다. 이것을 발명한 사람은 일본인입니다. 도시바의 마스오카 후지오라는 사람인데 그는 도호쿠대학에서 전자공학을 공부하고 반도체 연구로 박사학위를 받은 후 도시바에 입사했습니다. 하지만 도시바에서는 공장에서 근무하게 됐습니다. 담당 업무는 공장의 생산성 향상이었죠. 반도체 연구와는 관계없는 분야지요. 그래서 마스오카 씨는 공장 근무를 하는 한편 퇴근 후와 휴일을 이용하여 자신의 연구를 계속해 결국 세계적인 발명을 이뤘습니다.

대기업의 지방 공장에 근무해본 사람이라면 알 테지만 휴일이라고 해도 온전히 쉬기가 힘듭니다. 운동회 등 모두가 참여하는 행사가 많습니다. 마스오카 씨가 그런 행사에 어디까지 참여했는지는 모르지만 휴일마다 자신의 전문 분야 연구 개발에 몰두했다고 하면 '별난 사람'으로 보였을지도 모릅니다. 사실 마스오카 씨는 공적에 비해 출세하지 못했습니다.

일본 기업에서는 협조성이 있는 사람, 분위기를 잘 읽는 사람이 선호되고 이단아는 미움을 받습니다. 하지만 이단아가 아니면 혁신은 일어날 수 없지요.

물론 이런 일은 월급쟁이 사장도 '알고 있었겠지만' 원래 상사 눈치를 잘 살피는 사람이 사장이 되므로 알고 있어도 이단아를 효과적으로 활용하지 못하는 거죠.

인공지능 알파고를 만든 데미스 하사비스도 사진으로만 봐도 약간 특별해 보이는 걸 알 수 있잖아요. 그런 이단아를 잘 활용하는 것 역시 이단아인 창업자입니다.

지금 일본에서도 이단아였던 사람이 스스로 회사를 세우기 시작하기 때문에 머지않아 변해가겠지요.

후쿠하라: 슘페터(1883~1951년, 미국 경제학계에서 활약한 금세기 대표적 경제학자 중 한 사람) 시대부터 회자되는 말이지만 관료적인 대기업에서 혁신은 일어나기 어려운 법이지요.

일본 기업에 혁신이 일어나기 어려운 몇 가지 이유가 있지만 그중 하나는 아무도 품의서에 책임을 지려 하지 않는다는 점입니다. 품의서에 그렇게 많은 도장을 찍으면서까지 책임회피를 하려 합니다. 이것은 쓸데없는 시간 낭비에다 커다란 마이너스 요인이 되고 있습니다.

스즈키: 품의서에 도장을 많이 찍는 데도 '조화로움이 중요하다'는 사고방식이 깔려 있습니다. 다른 것을 배제하자는 논리지요. 하지만 혁신은 '다른 것'을 만들어내는 것입니다. 다름을 인정하고 평가하는 데서부터 시작해야 하는데, 일본의 대기업은 아직 그런 점에서 부족한 것 같아요.

최근 20년간 일본을 대표하는 기업이 대부분 무너졌지만 부활한 곳도 있잖아요. 대표적으로 전자기기 제조업체 히타치가 있지요. 부활의 중심이 된 가와무라 다카시 씨는 사장 경선에서 한 번 패하고 자회사의 사장으로 좌천됐다가 돌아온 인물입니다. 그는 그때까지 금기시되던 것에 잇따라 칼을 들었습니다. 말하자면 조화를 어지럽히는 행위를 한 거죠.

한편으로 부활은커녕 더 무너진 샤프는 능력 없는 사람이 떠난 후 다시 비슷한 사람이 사장이 되었습니다. 마치 긴타로 엿(어디를 자르든 단면이 '긴타로'의 얼굴이 나오게 만든 가락엿)처럼 말이지요. 모두가 같아서는 혁신하지 못합니다.

이와사키: 활어조 안에 메기를 넣어두면 안에 있던 물고기는 '위험해 보이는 이상한 놈이 왔다'라는 듯 움직임이 빨라지고 근육을 활발히 사용하기 때문에 살이 단단해진다고 합니다.

같은 것만 있으면 아무래도 도움을 주고받는 관계가 되어 게을러집니다. 어떤 세계든 이질적인 것, 즉 메기가 필요하다는 의미겠지요. '문과'니까 하고 그 틀에 갇혀 있어서는 안 됩니다.

어떤 세상에서도
살아남는 문과생의 조건

이와사키: 결국 자신에게 가치가 있으면 문과든 이과든 어떤 세상이 와도 통합니다. 일본 기업이 위태로워져도, 근무하는 회사가 위태로워져도 살아갈 수 있습니다.

샤프에서 정리해고된 사람이 많지만 그들 중 일부는 다른 회사로 옮겨서 활약하고 있습니다. 그러려면 자신의 능력, 경쟁력을 어떻게 높이는지에 달렸습니다.

자신의 능력을 키우는 것은 매일 직장 일을 하면서도 할 수 있는 일입니다. 언뜻 결과를 맺지 못할 것 같아도 **노력을 한다는 행위 자체가 자신의 가치를 높이는** 일로 이어집니다. 미국의 버락 오바마 전 대통령이 책에서 말했지만 그는 정치가가 되기 전에 시카고의 빈민가에서 지역사회 활동가 일을 계속했습니다. 하지만 일하는 동안에는 결과가 어디로 이어질지 전혀 보이지 않았습니다. 다만 '뭐라도 되겠지' 하고 믿으며 일했습니다. 그것이 결과적으로 대통령이라는 직책으로 이어진 것이지요. 오바마는 2000년 연방하원 선거에 입후보했지만 참패합니다. 그때의 일을 그는 다음과 같이 말합니다.

나는 내가 선택한 길에 의심을 품기 시작했다. 배우나 운동선수라면 틀림없이 직면할 갈등에 휩쓸린 것이다. 몇 년씩이나 특별한 꿈을 좇아 웨이터와 웨이트리스를 하면서 오디션을 보거나, 마이 너리그에서 힘을 다해 간신히 안타를 치게 된 후 문득 깨닫는다. 자신은 재능과 운이 없으면 다다르지 못하는 세계의 주변을 그저 서성이고 있는 게 아닐까 하고.

지금 일본의 젊은이들도 이 '보이지 않는' 노력을 하는 사람이 상당히 많습니다. 가령 회사 밖에서 예술 활동을 하는 사람도 있습 니다. **그것이 뭔가가 된다고는 할 수 없지만 계속 해나가는 동안에 자기 자신이 변화하는 거지요. 우리는 그걸 믿을 수밖에 없습니다.**

스즈키: 단순하지만 다시, 살아 있는 이유, 살아가는 이유를 생각 하면 좋겠습니다. '살아 있는'이 아니라 '살아가는'이라고 생각하는 것이 중요하고, '살아가는' 이상 뭔가 목적이 있을 것입니다.

주변에서 자신이 해결할 수 있는 사회적 과제나 문제는 없는지, 그걸 발견하고 '해결하기 위해 자신이 무엇을 할 수 있을까' 생각한 다면 세계가 더 넓어지지 않을까요.

자신은 세상에 공헌하기 위해 살아간다는 믿음을 갖는 것이 중 요하다고 생각합니다.

후쿠하라: 전적으로 동의합니다. '나는 뭘까'를 생각하는 것이 중

요합니다. 다만 여기에서 자신을 찾기에 빠져들어서는 안 됩니다.

나는 언제나 "가치관을 생각하면서 동시에 역량을 키우세요"라고 학생들에게 말합니다. 작은 일이라도 좋으니까 가치관을 생각하면서 하루에 한 가지나 두 가지를 실제로 행동하라고 말이지요. 우리 학원에서는 아이들에게 일기를 쓰도록 하는데, 일기에 실제로 행동해본 걸 쓰게 합니다. **성공하면 좋지만 실패해도 아주 좋은 경험이 되므로 행동하게 합니다.** 행동하지 않으면 역량은 발휘되지 않습니다. 고전 등 가치관에 관한 책을 읽기도 하면서 구체적으로 행동합니다. 이런 조화가 좋지 않을까 생각합니다.

이와사키: 주변 눈치를 살피며 살아가는 것보다 자신답게 살아가는 것. 그리고 자신의 가치를 높이도록 먼저 행동으로 옮길 것. 그렇게 하면 '문과·이과'와 상관없이 앞으로의 세상에서 빛을 발하는 사람이 될 수 있지요. 지금까지 정말 감사드립니다.

좀 더 잘 살아가기 위해
필요한 것

"이와사키 씨, 1번 진료실로 들어오세요."

도내 대학병원 비뇨기과에서 한 시간 반 정도 기다렸더니 그제야 이름이 불렸다. 2016년 5월의 일이었다. 그날은 한 달 전에 받은 전립선 생체검사 결과를 듣는 날이었다.

바로 1번 진료실로 들어갔다. A교수는 "앉으세요" 하더니 마우스를 클릭해서 컴퓨터 화면을 열었다. 거의 동시에 간호사가 들어와서 A교수에게 뭔가 업무 얘기를 시작했다. 시간이라고 해야 30초 정도. 대화에 낄 수 없는 나는 말없이 앉아 있었다. 다만 A교수의 컴퓨터 화면은 내 쪽으로 향해 있었다. A교수는 그 화면을 보면서 생체검사 결과를 설명할 생각이었을 것이다. 신경이 쓰여서 컴퓨터 화면을 보니 1~12까지 숫자가 나란히 있고 그중 숫자 4에 +마크가 붙어 있었다.

다소 놀랐다. 설마라고 생각했지만 생체검사 결과는 틀림없이 양성이었다. 그렇단 걸 알 수 있었다. 생체검사를 받기 전에 나의 PSA(전립선특이항원) 수치로는 암일 확률이 30퍼센트라고 들었다. 그래서 암은 아닐 거라 생각하며 생체검사를 받았는데 유감스럽게도 확률적으로 낮은 30퍼센트 쪽에 들어간 것 같았다.

예전에 내가 암 선고를 받는다면 어떤 표정일까, 생각한 적이 있다. 의사가 나에게 심각한 표정으로 "암입니다" 하고 통보한다. 영화에 나올 법한 장면을 상상했지만 실제로는 의사에게 아무 말도 듣지 못한 채, 혼자 컴퓨터 화면을 보고 결과를 알아버렸다. 그것도 그리슨 스코어가 4+3=7이라는 악성도가 다소 높은 것이었다(전문적인 얘기지만 악성도를 나타내는 그리슨 스코어가 같은 7이어도 3+4=7보다 4+3=7 쪽이 악성도가 높다).

여기까지 읽고 당신은 이상하게 생각했을지도 모른다. 도대체 이 저자는 '맺음말'에서 무슨 말을 하는 걸까? 이건 문과 독자를 향한 어드바이스 책이 아니었어? 하고.

그렇다. 이 책에서는 '문과생이 살아남으려면 어떻게 하면 좋을지'를 전했다. 그러나 마지막에 알게 되었다. **살아남는 것의 기본은 물리적으로 생명을 유지하는 것, 즉 죽지 않는 것이다.** 이미 고령자를 중심으로 일본인 두 명 중 한 명이 암에 걸리는 시대다. 독자가 만약 20대, 30대라 해도 방심할 수 없다. 그렇게 됐을 때 어떻게 할까? 의사의 지시에 따를까? 그럼 의사는 어떻게 선택할까? 전립선 암을 예로 들면 현재 일본에는 약 8,000명의 비뇨기과 의사가 있고 2,800군데 병원에서 비뇨기과가 운영되고 있다. 이 중 내가 주된 치료법으로서 선택한 소선원요법을 실시할 수 있는 시설은 단 116군데밖에 없다(2013년 기준). 30년 이상 전부터 미국에서 시행되는 안전한 치료법인데도 말이다.

적극적으로 정보를 수집해서 의사를 선택하지 않으면 완치할 수 있는 암도 낫지 못하고 끝나버릴 수 있다. 설령 완치됐다 해도 삶의 질이 크게 떨어질 가능성도 있다.

그러나 스스로 적극적으로 정보를 수집한다는 것은 그렇게 간단치가 않다. 항간에는 느타리버섯 등 민간요법으로 암이 나았다는 사례를 소개하는 책도 있고 혹은 파워스톤(Power Stone, 보석 중에서 어떤 특수한 힘이 깃들어 있다고 여겨지는 돌)을 몸에 지녔더니 암이 나았다는 사람도 있다.

여기에서 중요한 건 확률이고 과학적·논리적 사고법이며, 이것은 이 책에서 일관되게 주장해온 것이다.

암 치료법을 예로 들면 수천, 혹은 수만 명에 한 명 정도의 비율로 낫는 치료법에 의지할 수는 없다. 어떻게 해서 완치 확률을 높일까 하는 기준으로 치료법을 선택해야 한다.

학술논문을 꼼꼼하게 읽어보면 1,000명 정도 되는 환자의 증상을 치료법에 따른 완치율과 함께 소개한다. 우리에게 필요한 것은 이런 과학적인 접근이지 우연히 행운을 만난 10명의 사례를 아는 것이 아니다.

입수한 데이터와 정보를 통계학적 관점에서 이해하고 확률론적으로 접근하지 않으면 잘못된 판단을 하기 쉽다. 그리고 이 경우 잘못된 판단은 곧바로 생명을 잃는 일로 이어진다.

책 속에서도 여러 번 언급했듯이 우리는 때때로 ①통계를 오용하거나, ②적은 사례로 전체를 설명하려고 해서 결과적으로, ③잘못된 논의, 근거가 부족한 결론을 내리는 일이 있다. 이런 오류는 비판적 사고 훈련을 통해 피할 수 있다.

문과든 이과든 본래 학문이라는 건 우리가 좀 더 잘 살아가기 위해 존재하는 것이다. 일을 할 때도, 생활을 할 때도 우리는 살아가는 한, 매일같이 다양한 문제에 부딪친다. 그 문제를 하나하나 해결하지 않으면 안 된다. **무엇이 옳은지 자신의 머리로 생각하고, 옳다고 생각하는 선택을 해야 한다.**

이 책을 읽은 여러분이 문과 콤플렉스에서 벗어나 매일의 일과 일상생활에서 정확한 판단을 내리는, 그를 위한 지혜를 익힐 수 있다면 내게는 크나큰 행복이다.

또 이 책은 이스트플레스 출판사의 편집자, 미야무라 치에미 씨에게 기획 구상 단계부터 대단히 큰 도움을 받았다. 전형적인 문과형 인간인 그녀가 '남들 하는 대로 졸업하고 남들 하는 대로 일하는 게 아닌가'라는 문제의식을 가지고, 그것을 기획서 형태로 정리해서 내 사무실을 찾아주었을 때부터 이 책의 작업이 시작되었다. 그리고 한 권의 책으로 정리하는 데 헌신적으로 지원해주었다. 진심으로 감사드린다.

1   뉴욕타임스, Afraid of Dying Alone, 2012년 4월 9일.

2   여신관리서비스를 제공하는 리스크 몬스터사에 의한 조사. 마이나비뉴스, 2016
    년 8월 29일.

3   BBC News, BAE Invests in Space Engine Firm Reaction Engines.

4   블룸버그 테크놀로지, Driverless Cars May Cut US Auto Sales 40%, Barclays
    Says, 2015년 5월 20일.

5   도표 2는 노무라종합연구소 〈국내 직업 601종의 컴퓨터 기술에 의한 대체 확률
    시산(試算)〉. 노무라종합연구소와 옥스퍼드대학 마이클 오스본 준교수 및 칼
    베네딕트 프레이 박사와의 공동연구(2015년 12월 2일). 본 시험 계산은 어디까
    지나 컴퓨터에 의한 기술적인 대체가능성의 시험 계산이며 사회적 요인의 영향
    은 고려하지 않았다. 또 직업명은 노동정책연구·연수기구 〈직무구조에 관한
    연구〉를 따르고 있다.

6   총무성 노동력 조사(상세 집계)(2015년 평균) 제Ⅱ 16표(본문 중의 비율은 회
    답자를 분모로 해서 산출), 후생노동성 《비정규 고용》의 현황과 과제.

7   Freshfields Bruckhaus Deringer 법률사무소 〈노동계약에 관한 법률 실무의
    외국과의 비교〉.

8   학교법인 산업능률대학 〈2016년도 신입사원의 회사 생활 조사〉.

9   후생노동성 〈2015년 임금구조 기본 통계 조사 상황〉.

10 경제산업연구소의 이 조사는 대졸자 544명을 대상으로 2009~2010년에 걸쳐
    실시해 2011년에 발표되었다. 한편 50쪽에 실린 총무성의 노동력 조사는 전국
    약 4만 명(대졸자 이외도 포함)을 대상으로 조사했다. 노동력 조사는 이 책에서
    는 2016년 12월의 조사결과(2017년 1월 발표) 자료를 사용하고 있다. 이들 결
    과를 비교하면 비정규직 비율의 숫자가 서로 다르게 나와 있다.

11 후생노동성 도쿄노동국, 〈회사가 도산한 경우의 노동채권 확보〉.

12 문부과학대신, 《국립대학법인 등의 조직 및 업무 전반의 재검토에 대하여》,
    2015년 6월 8일.

13 《반회상록》의 말로와 스님이 나눈 대화의 한 구절은 원문 국역이 아니라《앙드
    레 말로의 일본》(TBS브리태니커)에 기재된 내용에서 인용했다.

14 동양경제 온라인, 도쿄대에서 하버드로 옮긴 18세의 '진심'.

15 비노드 코슬라가 '쿼라(Quora)'에 보낸 기고문.

16 위키피디아에 올라온 대학의 노벨상 수상자 수 순위.

17 사이타마시 교육위원회,《교육요람》, 2016.

18 현대비즈니스, 잃어버린 10년의 원흉은 '오테마치 · 마루노우치 불황'이었다!, 2014년 3월 5일.

19 오마에 긴이치, 문부과학성 제언 'G대학 · L대학'은 젊은이를 찌그러뜨린다, 프레지던트 온라인, 2015년 4월 13일.

20 P. F. 드러커,《변화 리더의 조건》, 청림출판, 2014.

21 '미나마타병에 관한 사회과학적 연구회'는 1995년의 미나마타병의 정치적 해결 당시 내각회의에서 결정된 '미나마타병 문제의 해결에 관한 내각총리대신 담화'의 취지에 기초하여 국립 미나마타병종합연구센터의 연구 프로젝트로 1997년에 설치되었다.

22 P. F. 드러커,《변화 리더의 조건》, 청림출판, 2014.

23 Quote Investigator(http://quoteinvestigator.com/2014/05/04/adapt), 2014년 5월 4일.

24 동양경제 온라인, 후지필름은 왜 대개혁에 성공했는가, 2013년 11월 24일.

25 Business Journal, 2016년 6월 1일.

26 혼다 소이치로,《하고 싶은 일을 해라》, PHP연구소, 2005년.

27 이시타 유타, 〈주간 플레이보이〉, 이치로이즘 재검증, 2016년 8월 1일호, p.32

28 Amber Hunt & David Batcher, *Kennedy Wives: Triumph and Tragedy in America's Most Public Family*(Lyons Press; Reprint edition; 2015, p.145).

29 방현철,《부자들의 자녀교육》, 이콘, 2017.

30 2017년 2월 4일 기준(〈포브스〉 랭킹).

31 코세라(Coursera)에서는 스탠퍼드대학, 펜실베니아대학, 존스홉킨스대학 같은 유명 대학교 교수들이 진행하는 온라인 형식의 수업을 무료로 들을 수 있다(https://www.coursera.org).

문과생인 당신이 지금 해야 할 일

초판 1쇄 인쇄 2019년 2월 28일
초판 1쇄 발행 2019년 3월 7일

지은이 이와사키 히데토시
옮긴이 최미혜
펴낸이 이범상
펴낸곳 (주)비전비엔피 · 비전코리아

기획 편집 이경원 심은정 유지현 김승희 조은아 이다혜
디자인 김혜림 김은주 이상재
마케팅 한상철 이성호 최은석
전자책 김성화 김희정 이범준
관리 이다정

주소 우)04034 서울특별시 마포구 잔다리로7길 12 (서교동)
전화 02)338-2411 | **팩스** 02)338-2413
홈페이지 www.visionbp.co.kr
이메일 visioncorea@naver.com
원고투고 editor@visionbp.co.kr

등록번호 제313-2005-224호

ISBN 978-89-6322-148-9 03190

이 도서의 국립중앙도서관 출판시도서목록(CIP)은 서지정보유통지원시스템 홈페이지(http://seoji.nl.go.kr)와 국가자료공동목록시스템(http://www.nl.go.kr/kolisnet)에서 이용하실 수 있습니다.(CIP제어번호: CIP2019002732)